EL TERRITORIO HECHIZADO
Lírica tradicional en la provincia de León

LEÓN

1
Fórmulas rimadas

EL TERRITORIO HECHIZADO
Lírica tradicional en la provincia de León

LEÓN

1
Fórmulas rimadas

José Luis Puerto

ISBN: 979-13-87583-40-8

Dep. Legal: LE 19-2026

Imprime: KADMOS (Salamanca)
Impreso en España / *Printed in Spain*

Puerto, José Luis

El territorio hechizado : lírica tradicional en la provincia de León . 1, Fórmulas rimadas / José Luis Puerto. – [León] : Cátedra de Estudios Leoneses : Universidad de León, [2026]
374 p. ; 21 cm
Bibliogr. : p. 371-374
ISBN 979-13-87583-40-8
1. Literatura popular-España-León (Provincia). 2. Español (Lengua)-España-León (Provincia)-Rimas. I. Universidad de León. II. Cátedra de Estudios Leoneses. III. Título.

821.134.2(460.181)-91
811.134.2(460.181):801.66
801.66: 811.134.2(460.181)

ÍNDICE

3. LOS ANIMALES — 117

INTRODUCCIÓN

Cuando celebramos, cuando trabajamos, cuando descansamos, cuando jugamos, cuando rezamos, cuando observamos y contemplamos a los demás, la naturaleza, el cosmos, la vida…, verbalizamos, en no pocas ocasiones, todo lo que nos acontece a través de unos versos, no necesariamente en etno-textos extensos, a través de los cuales se plasman nuestro conocimiento y nuestra sensibilidad como especie humana.

Agrupamos, bajo el paraguas general de fórmulas rimadas (preferimos evitar el término de 'retahílas', con el que también son nombrados tales tipos de etno-textos), toda una serie de manifestaciones en verso, más bien cortas o de pequeña extensión, que son de muy diversos tipos: fórmulas rimadas propiamente dichas, algunos refranes y paremias, algún trabalenguas, alguna adivinanza, fórmulas utilizadas en los juegos, alguna fórmula en verso que aparece en algún cuento e, incluso, algún cuento mínimo en verso todo él, algunas oraciones populares…, en definitiva toda una serie de tradiciones orales, en verso, breves casi siempre, de creación anónima, que se utilizan por parte de los niños unas veces y de los adultos otras, en muy diversos contextos, festivos, laborales, de ocio y entretenimiento…

Y hemos realizado tal agrupación, aparentemente tan diversa, con el mero requisito de obedecer a ese carácter de fórmula rimada y de estar marcadas por la brevedad (de modo tanto estricto como más laxo), así como por su carácter de tradición oral, para que se perciba cómo tales fórmulas rimadas recogen y expresan, de algún modo, el imaginario tradicional campesino de las diversas áreas leonesas.

Ya que editamos un corpus –recogido, de modo paciente y continuado, a lo largo de varios lustros, a partir de los años ochenta del siglo pasado y hasta hoy mismo– de prácticamente todas las grandes áreas geográficas de la provincia de León.

Todos los modos indicados de poetización, que consideramos como fórmulas rimadas de todo tipo –las propiamente dichas, refranes y paremias, trabalenguas, oraciones y otras– suponen un auténtico corpus poético de tipo tradicional, a través del cual el pueblo (los campesinos, particularmente) expresa su concepción del mundo, tanto material como inmaterial, tanto celeste como terrestre, tanto laboral como festiva, tanto íntima como comunitaria, tanto adulta como infantil. Una concepción del mundo más allá de lo racional, marcada por lo poético y por lo mágico, en una suerte de encantamiento que nos habla y que nos lleva, de algún modo, hasta la infancia del ser humano.

Y de tal concepción del mundo, verbalizada de modo poético, participan tanto los adultos, de distintas labores, ocupaciones y profesiones, como los niños, particularmente en sus distintos juegos. Toda la sociedad, toda la comunidad campesina, en definitiva, conoce estos dichos, estas fórmulas rimadas, y las utiliza en las ocasiones para las que se han creado: al contemplar el cielo, al percibir y describir los fenómenos atmosféricos, en su trato con el mundo vegetal y animal, así como en su relación con la vida, con el tiempo, con las estaciones, con las fiestas, con lo sagrado y con lo profano, con los trabajos y con los juegos…, en definitiva, con todo aquello que el ser humano (y la comunidad en la que vive) percibe del mundo y de la realidad.

Es como si, en estas fórmulas rimadas, hubiera una resonancia verbalizada del cosmos y del mundo, de la realidad toda, en el corazón y en el entendimiento del ser humano.

Este corpus poético de fórmulas rimadas está marcado por la tradicionalidad, esto es, se trata de creaciones anónimas, transmitidas y recibidas oralmente de unos individuos a otros, de unas generaciones a otras y utilizadas en los momentos y ocasiones que vienen a cuento y que, en muchos de los casos, se van ramificando a través de variantes en las que una misma fórmula rimada se diversifica, tal y como puede comprobarse en el corpus que editamos.

Y tal tradicionalidad hace que un gran número de estas fórmulas rimadas estén documentadas, en unas u otras variantes, desde antiguo, ya sea en colecciones clásicas de paremias (como, por ejemplo, en las de Hernán Núñez, el Comendador Griego, o de Gonzalo Correas, entre otros), en léxicos (como el *Tesoro…* de Sebastián de Covarrubias) o en otras obras significativas de nuestros siglos de oro, que documentan aspectos de la vida popular de la época (como realizan, entre otros, Alonso de Ledesma o Rodrigo Caro).

Nosotros, para que se advierta tal tradicionalidad, muy presente en el corpus que editamos, hemos puesto, en notas a pie de página de bastantes de las fórmulas rimadas que editamos, referencias documentales tanto de fuentes clásicas (como algunas de las que acabamos de indicar), como de folcloristas que, desde el siglo XIX hasta hoy mismo, han recogido y editado unas u otras variantes de los etno-textos recogidos y editados por nosotros en esta obra.

Pero nunca, en tales referencias documentales tanto de fuentes clásicas como folclóricas que mostramos a pie de página, hemos querido ser exahustivos, sino que, mediante ellas, pretendemos mostrar y subrayar, poniendo tales fuentes como meros ejemplos de ese rasgo de la tradicionalidad del corpus que editamos.

LAS FÓRMULAS RIMADAS EN EL FOLCLORE LEONÉS

Los distintos tipos de tradiciones orales que indicamos al principio, y que agrupamos bajo el paraguas de fórmulas rimadas, están presentes y documentadas en diversas publicaciones realizadas por folcloristas y etnógrafos leoneses.

No podemos aquí citar todas las recopilaciones y ediciones que de tales tipos de etno-textos, documentados en la tradicional oral leonesa, se han ido publicando tanto en libros como en artículosde revistas y periódico.

Hemos de conformarnos meramente con hacer referencia aquí a algunos de los autores que las han recopilado y ublicado y que, gracias a su labor, podemos conocerlas. Pasamos a dar, meramente, una breve noticia, parcial, por desgracia, de algunos de tales trabajos, que se indican y citan también en la bibliografía final.

José Luis Alonso Ponga y Amador Diéguez Ayerbe

En una obra etnográfica ya clásica sobre El Bierzo, titulada *Etnografía y folklore de las comarcas leonesas. El Bierzo* (1984), José Luis Alonso Ponga y Amador Diéguez Ayerbe recogen algunas fórmulas rimadas, sobre todo en capítulos como los que versan sobre "Dichos y refranes del Bierzo.Cuentos", así como en el titulado "Creencias, ritos y conjuros".

En un planteamiento que se despliega porlos diversos territorios de la vida tradicional berciana –tanto de la cultura material como inmaterial–, el ámbito de los refranes y de las fórmulas rimadas no se aborda, como es lógico, de modo sistemático, pero son valiosos los materiales y etno-textos que se aportan.

Bástenos dar, como mero ejemplo, el conjuro pronunciado por las gentes, al ritmo del toque protector y ahuyentador de las campanas, cuando amenazaba la truena, con el estropicio que podía ocasionar a personas, viviendas, animales y sembrados:

Din dan, din dan,
marcha truena para allá
quita vino, quita pan
quita hierba de San Juan
din dan, din dan.
  (El Bierzo 1984: 247)

Y ahora hemos de continuar con nuevas aportaciones sobre fórmulas rimadas dentro del ámbito de la tradición oral leonesa.

María Campos

En 1989, la maestra María Campos publicó en la *Revista de Folklore* un trabajo titulado "Cuando los niños juegan. Repertorio infantil de Villacidayo", su pueblo natal, perteneciente a la comarca leonesa de Rueda, en ambas márgenes del río Esla, entre Cistierna y Mansilla de las Mulas. Se trata de una exposición sistemática y ordenada de distintos tipos de tradiciones orales, vivase entre los niños de la localidad, hasta la despoblación y desaparición de la escuela. Entre ellas, se editan también fórmulas rimadas, utilizadas en muy diversos juegos.

Después, también en la *Revista de Folklore* (1991) y en colaboración con José Luis Puerto, publicaría María Campos otro trabajo, "Ramillete de fórmulas rimadas infantiles", con etno-textos recogidos en diversas localidades tanto leonesas, comopalentinas, salmantinas y segovianas; ampliando, por tanto, el espectro geográfico de la recogida.

Ambos trabajos figurann reseñados en la bibliografía final. Y, del primero de ellos, aparecen referencias –cuando cuadra en cada caso– en distintas notas a pie de página.

Alicia Fonteboa

En 1992, publicaba Alicia Fonteboa su libro titulado *Literatura de tradición oral en El Bierzo*. Edita y documenta en tal obra varios tipos de tradiciones orales, como acertijos, coplas y seguidillas, cuentos, ensalmos y conjuros, nanas, refranes y dichos, retahílas, romances, tema religioso (oraciones, villancicos y ramos), así como trabalenguas.

Fundamentalmente, carga la edición en dos géneros, como son los cuentos y los romances. Pero géneros como los refranes y dichos, las retahílas (que viene a ser sinónimo de las fórmulas rimadas), así como algunas oraciones y trabalenguas entran dentro del campo que nosotros abordamos y del que, por tanto, se encuentran recogidos etno-textos bercianos que cuadran en nuestra publicación.

Mª Carmen Pérez Gago

En el quinto capítulo, titulado "Dichos", de la obra titulada *Folclore de Luna* (2001), de la que es autora Mª Carmen Pérez Gago, se edita un pequeño corpus de fórmulas rimadas de esta 'mítica' comarca leonesa, referidos al tiempo unos, así como un conjunto de dichos variados, más heterogéneos, otros, que suelen aparecer en muy diferentes contextos humanos.

Conviene que, a modo de ejemplos, citemos algunos de ellos, ya que confluyen con algunos de los que nosotros editamos: en un caso, sobre los arreboles y, en otro, sobre la tejeuría y la labor hilandera, de tanta importancia en el pasado.

Así, sobre los arreboles como indicios meteorológicos, se indica en la comarca de Luna, en concreto en el pueblo de Sena:

Colorau pa León,
más agua que sol;
colorau pa Babia,
más sol que agua.

    (Luna: 171)

Mientras que sobre la labor del hilado, se conoce la siguiente fórmula rimada en Aralla:

El que hiló hiló;
la Navidá ya pasó.
El que un hiló hilará,
que otra Navidá vendrá.

    (Luna: 174)

Con ello, podemos formarnos una cabal idea del carácter que tienen en la comarca de Luna las fórmulas rimadas.

F. Javier Rúa Aller

De un gran interés es la indagación realizada (y documentada a través de diversas publicaciones) por Francisco Javier Rúa Aller. Particularmente, sus *Refranes del tiempo en León*, que aparecieron con tal título en un libro publicado en 2014, contienen un corpus paremiológico que también abordamos en nuestra obra. Esta obra tiene un precedente en otra publicación del mismo investigador, titulada *Meteorología popular leonesa*, de 2007.

Rúa Aller recoge el corpus editado en sus *Refranes…* en diversas comarcas y áreas leonesas y lo articula en dos grandes bloques: el tiempo cronológico y el tiempo meteorológico. Dentro del primero, edita refranes sobre el año y las estaciones, los meses, el tiempo lunar y las fiestas móviles, la semana y el día, así como sobre el sol y la duración del día.

Mientras que dentro del segundo bloque sobre el tiempo meteorológico, nos encontramos con tres grandes ramificaciones sobre el frío, heladas y calos, lluvias y nieblas, y una tercera sobre nieve, viento y tormentas.

Francisco Javier Rúa Aller tendría que darnos –a él es a quien corresponde– todo un corpus, sistematizado en la manera de lo posible, sobre un refranero leonés, tomado de la tradición oral contemporánea, relativo a campos como los que él estudia.

Nicolás Bartolomé Pérez

En su muy documentado libro sobre *El imaginario tradicional leonés. Mitología, brujería y zoología fantástica en un reinomilenario* (2021), Nicolás Bartolomé Pérez, al tiempo que define ese concepto tan fértil como es el del imaginario, se detiene, a través de una serie de campos legendarios y, si se quiere, 'míticos', en concretar aspectos de lo que pudiera ser el imaginario tradicional leonés, al que su título –y su empeño– alude.

Para nosotros, ahora, la llamada de atención sobre este libro es porque recoge una buena gavilla de fórmulas rimadas, relativas a campos que abordamos en nuestra publicación. Por ejemplo, nos encontramos con tales fórmulas en campos como los de La Griega; los tesoros enterrados, encantados y ocultos; la niebla; las brujas y sus asambleas y desmanes; y, dentro del ámbito de los animales, los lobos, el cuco, la mariquita y sus diversas denominaciones, así como también sobre el águila o la golondrina.

Estamos ante un libro de un gran interés, en todo lo relativo al imaginario leonés tradicional, tal y como se articula a través de los etno-textos legendarios, así como en lo relativo al ámbito también de determinadas creencias.

Podríamos ampliar más nuestro ángulo de visión. No cabe duda de que los diferentes tipos de fórmulas rimadas que en esta publicación catalogamos y editamos están recogidas, de un modo u otro, en otras publicaciones (artículos, revistas y libros) referidas al folclore y etnografía leoneses. Hasta el momento, sin sistematizar.

Tanto el corpus, variado en géneros de tradiciones orales, documentado en El Bierzo por José Luis Alonso Ponga y Amador Diéguez Ayerbe, como por Alicia Fonteboa; el recogido en Rueda por María Campos; y en Luna por Mª Carmen Pérez Gago; así como el de refranes editado por Francisco Javier Rúa Aller, recogido en diversas areas de toda la provincia de León; y la indagación sobre el imaginario tradicional leonés, realizada por Nicolás Bartolomé Pérez; nos sirven muy bien para ver la tradicionalidad que atraviesa todo tipo de fórmulas rimadas que ahora editamos.

Tal era nuestra pretensión, al tratar de poner algunos ejemplos significativos, sin ánimo de exhaustividad de ningún tipo, que documentan, de un modo u otro, el ámbito de los distintos tipos de fórmulas rimadas (y de los refranes y paremias, que hemos querido incluir entre ellas) existentes y vivos, hasta la despoblación del mundo rural, en la provincia de León.

Ahora, hemos de pasar a nuestra labor en este campo. Y a la descripción del carácter de la colección de fórmulas rimadas, recogidas en todo el ámbito de la provincia de León, que en la presente publicación editamos.

FUENTES DOCUMENTALES CLÁSICAS Y FOLCLÓRICAS

A la hora de documentar la tradicionalidad de los etno-textos que constituyen el corpus de fórmulas rimadas que editamos, hemos optado por dar referencias de la misma en notas a pie de página. Tal tradicionalidad se halla basada en dos fuentes: una de tipo clásico, pertenecientes a nuestra edad dorada, a nuestros siglos de oro (XVI y XVII); mientras que la otra lo es de tipo folclórico, tomando como referencia la labor de folcloristas españoles –varios de ellos ya clásicos– tanto del siglo XIX (época en la que nace en Inglaterra la ciencia del folclore) como del XX.

FUENTES CLÁSICAS

Cinco son los autores clásicos españoles en cuyas obras hemos buscado referencias documentales sobre la tradicionalidad de no pocos de los etno-textos que configuran el corpus de fórmulas rimadas recogidas en la provincia de León, que editamos en esta obra.

Hernán Núñez, el Comendador Griego, o el Pinciano (Illescas, Toledo, c. 1478 – Salamanca, 1553), fue un humanista, latinista, helenista y paremiólogo, que constituye una fuente clásica esencial para documentar las fórmulas rimadas, gracias a su monumental obra titulada *Refranes, o proverbios en romance*, editada en Salamanca en 1555. Destaca en ella tanto la cantidad de etno-textos (en torno a ocho mil quinientos cincuenta y siete), como el hecho de que sucintamente los comente e incluso los compare con los de otras lenguas, la mayoría romances, que incluye.

El también toledano y vinculado con Salamanca, como Hernán Núñez, es Sebastián de Covarrubias (Toledo, 1539 – Cuenca, 1613), lexicógrafo y célebre sobre todo por su gran obra *Tesoro de la lengua castellana o española*, publicada en Madrid en 1611 (por Luis Sánchez, impresor real); obra de un humanista, que no solo se conforma con darnos una escueta y seca acepción de cada palabra, sino que la enriquece con amenas y eruditas disertaciones, aportando también refranes, modismos, anécdotas y citas literarias relativas a cada término

Alonso de Ledesma (Segovia, 1562-1633), poeta, autor de tres tomos de *Conceptos espirituales* (1600, 1608, 1612), que tendrían un gran éxito en su época, nos sirve también de fuente por su obra *Juegos de la Noche Buena en cien enigmas* (1611), porque realiza versiones a lo divino de los viejos villancicos y cantares populares de la última Edad Media, que documentan determinadas fórmulas rimadas de las que editamos, como podrá comprobarse.

Uno de los continuadores de la obra paremiológica de Hernán Núñez es el extremeño Gonzalo Correas (Jaraíz de la Vera, Cáceres, 1571 – Salamanca, 1631), que desarrollara gran parte de su vida en Salamanca, con cuya universidad estuvo siempre vinculado. Es autor del *Vocabulario de refranes y frases proverbiales* (1627), que constituye una fuente de primer orden para documentar nuestro corpus de fórmulas rimadas.

Y no podía faltar tampoco el sevillano Rodrigo Caro (Utrera, Sevilla, 1573 – Sevilla, 1647), poeta, historiador, abogado y sacerdote, autor del bellísimo poema *Canción a las ruinas de Itálica*, y, para nuestro objetivo, autor también de ese libro fundamental de la etnografía española que es *Días geniales o lúdricos* (1626; contamos con la rigurosa edición de 1978, en dos tomos, realizada por Jean Pierre-Etienvre), donde se describen sesenta y cinco juegos que se practicaban en la sociedad española del siglo XVII, algunos con fórmulas rimadas, que nos documenta su autor.

A la hora de realizar las diferentes citas de etno-textos de los autores clásicos indicados, en las notas a pie de página –especialmente los de Hernán Núñez, ya que manejamos la primera edición de su obra–, hemos optado por modernizar la ortografías, en aras de hacer inteligibles los textos para un lector medio y común.

Fuentes folclóricas

La otra vía de documentación sobre la tradicionalidad de un determinado etno-texto se halla en las publicaciones de etnógrafos y folclorista. Como es bien sabido, la ciencia del 'folklore' (y el término) se crea en Inglaterra, a mediados del siglo XIX, fruto de la ideología romántica y de la exaltación de lo local y de las culturas populares y campesinas, de las que se recogen tradiciones de todo tipo. En concreto, se fija la fecha de 1846, para el nacimiento de esta nueva ciencia, año en el que el anticuario y escritor inglés William John Thoms crea al término *folklore* (*folk*: pueblo; *lore*: saber, conocimiento), para referirse a las "antigüedades populares".

En España, contamos, ya en la segunda mitad del siglo XIX, con diversos pioneros de tal ciencia y de tal actividad, que se dedican a recoger todo tipo de tradiciones populares; entre ellos, se encuentran algunos cuyas obras utilizamos como fuentes en nuestra publicación.

Así, por ejemplo, Francisco Rodríguez Marín (Osuna, Sevilla, 1855 – Madrid, 1943), folclorista, paremiólogo, lexicólogo, cervantista y poeta, que tendría importantes cargos en Madrid (director de la RAE, entre otros) y que se interesaría por los cantos populares españoles, a través de la Sociedad del Folk-lore Andaluz, que co-fundó en 1881 y en la que conoce a Antonio Machado y Álvarez 'Demófilo' y otros folcloristas pioneros. Sus *Cantos populares españoles recogidos, ordenados e ilustrados por Francisco Rodríguez Marín* (Sevilla, 1882-1883) constituyen una importante fuente de documentación.

También está entre los pioneros el extremeño Sergio Hernández de Soto (Zafra, Badajoz, 1845 – 1921), con sus *Juegos infantiles de Extremadura* (1884). O el asturiano Eduardo M. Torner (Oviedo, 1888 – Londres, 1955) musicólogo, compositor y concertista, en la órbita de las actividades pedagógicas de la Institución Libre de Enseñanza, y en el Centro de Estudios Históricos, donde colaboró con Ramón Menéndez Pidal, dirigiendo la sección de Musicografía y Folklore. Publicaría en 1920 el *Cancionero musical de la lírica popular asturiana*.

Asimismo es un pionero el fraile agustino leonés César Morán Bardón (Rosales, León, 1882 – Madrid, 1951), arqueólogo y etnógrafo, así como de una amplia obra, en la que indaga, en el ámbito de la vida tradicional, en las provincias del ámbito leonés (León, Salamanca y Zamora), con obras, en este ámbito, como *Poesía popular salmantina* (1924); *Por tierras de León (historia, costumbres, monumentos, leyendas, filología y arte)* (1925); o *Por tierras de Zamora* (1929); entre otras muchas.

También aquí habría que citar al canario José Pérez Vidal (Santa Cruz de la Palma, 1907 – 1990), escritor, etnólogo y folclorista, quien, desdemuy joven, recopiló y estudió abundantes materiales de literatura oral, dialectología y etnografía. Entre sus obras etnográficas, podemos citar *Ensayos de etnografía y folklore canarios* (1985) o también *Folklore infantil canario* (1986). Así como la indicada en nuestra bibliografía.

Vendrían después nombres, en los que nos apoyamos a la hora de establecer fuentes folclóricas para nuestro corpus, sobre los que ya no podemos detallar apenas datos, como Margit Frenk (1925-???), Carmen Bravo

Villasante (1918-1994), Ana Pelegrín (1938-2008)… Y otros, como José María Alín o los vascos vitorianos como el presbítero José Íñigo Irigoyen y también Gerardo López de Guereñu (1904-1992). De entre los folcloristas de nuestra tierra, no podemos dejar de citar a Joaquín Díaz, presente también en esta publicación. Aquí también quisiéramos nombrar la figura de José Manuel Pedrosa, un sabio en todo lo relativo a tradiciones orales, que conoce y analiza muy bien.

Las obras de todos ellos y ellas, tomadas como fuentes, aparecen reseñadas en la bibliografía.

NUESTRA LABOR SOBRE LAS FÓRMULAS RIMADAS EN EL ÁMBITO LEONÉS

A lo largo de varias décadas, desde los inicios de los años ochenta y hasta hoy mismo, hemos ido realizando una labor de trabajo de campo, de recogida de todo tipo de materiales sobre la vida tradicional campesina, tanto en sus aspectos materiales como inmateriales, al tiempo que otra labor paralela de estudio e interpretación de todo lo recogido.

Fruto y consecuencia de tal labor, en el caso concreto de las fórmulas rimadas que nos ocupa, ha sido la de la publicación y análisis de tales etno-textos, tanto en libros como en artículos (estos últimos, en la *Revista de Folklore*, sobre todo). De ahí que parte del corpus que ahora editamos, agrupado y estructurado coherentemente, haya ido apareciendo en tales publicaciones, de un modo parcial.

Los libros que hemos ido publicando en los que ha aparecido parte de este corpus se hallan referenciados en la bibliografía final y son los siguientes: *Rumor de la palabra. Tradiciones orales en la comarca leonesa de Rueda* (2013, publicado por la Universidad de León); así como los dos volúmenes de *La palabra heredada. Tradiciones orales en las Tierras de La Bañeza* (2016 y 2017, respectivamente).

Mientras que los artículos publicados en la vallisoletana *Revista de Folklore* –una publicación emérita en la materia, publicada mes a mes desde 1980 y dirigida por Joaquín Díaz, que constituye un verdadero archivo de nuestra tradición popular– son bastantes más (los reseñamos también en la bibliografía final) y constituyen un asedio, sistemático y constante, que, desde hace ya muchos años, hemos ido realizando en torno a las fórmulas rimadas y otros etno-textos concomitantes con ellas.

Los citamos, para que se advierta el carácter de los asuntos abordados, dentro del campo que motiva este libro: "El pan. Oraciones al meterlo en el horno" (1995); "Materiales para un foklore sobre los pájaros: I. Anidar, engendrar, criar (fórmulas rimadas)" (1999); "La elaboración primaveral de gaitas, chiflos o silbas en la provincia de León (fórmulas rimadas)" (2022); "Letanías y procesiones primaverales en la provincia de León (fórmulas rimadas y refranes)" (2022); así como "El cuco como oráculo en la provincia de León (fórmulas rimadas y refranes)" (2023).

EL PRESENTE CORPUS DE FÓRMULAS RIMADAS

Nosotros, hoy, en la presente publicación, editamos 1.719 etno-textos, que agrupamos, pese a su heterogeneidad, bajo el marchamode fórmulas rimadas, que hemos recogido enteramente nosotros mismos, desde principios de los años ochenta del siglo pasado hasta hoy, y de modo muy paciente y continuado, en nuestras andanzas y trabajos de campo por prácticamente todas las áreas geográficas de la provincia de León, hasta el punto de mostrar etno-textos recogidos en 277 localidades distintas.

Tal corpus nos muestra –como más arriba hemos indicado– una verdadera cosmogonía o concepción tradicional del mundo, verbalizada poéticamente por las comunidades campesinas leonesas; una concepción del mundo marcada, casi siempre, por la observación, pero también y sobre todo por el ámbito de la creencia y de la fascinación ante todo aquello sobre lo que se poetiza.

Hemos querido establecer, a la hora de estructurar tal corpus, una cuádruple división temática –el cosmos, la naturaleza, los animales y el ser humano–, que, como podrá advertirse al leer la obra, así como también en el índice (que hemos querido, hasta cierto punto, cartográfico), se va ramificando de continuo.

En no pocos casos y en las muestras de cada uno de los cuatro grandes campos, aparecen fórmulas rimadas, muy conocidas y utilizadas en el pasado por el campesinado leonés, de las que existe –como podrá advertirse fácilmente– un buen número de variantes.

Pasamos ahora a dar una noticia más detallada, si bien sucinta, de cada uno de los campos o apartados de esa cuádruple estructuración temática del presente corpus de fórmulas rimadas.

EL COSMOS

En el primer apartado, sobre el cosmos, aportamos etno-textos en torno al sol, la luna, las estrellas, el tiempo atmosférico, el aire y el viento, las nubes, la niebla y el nublado, la lluvia, la helada, la nieve, la tormenta, o, en fin, el arco iris.

Hay, en este ámbito, aspectos muy llamativos que conviene tener en cuenta. Uno de ellos –y que aporta, en nuestro corpus, un considerable número de fórmulas rimadas, particularmente las dedicadas al sol– es el de la invocación al sol y a la luna, como astros cósmicos más llamativos para nuestros campesinos, ya que son los que más fácilmente percibe el ser humano desde antiguo, y que, para ciertos antropólogos, como, por ejemplo, el inglés Edward Burnett Tylor (1832-1917), serían pervivencias, en el mundo campesino, de un antiguo animismo.

En este sentido, el francés, de origen bretón, Paul Sebillot (1843-1918), en su obra sobre *El paganismo contemporáneo en los pueblos celto-latinos*, nos indica lo siguiente, en el sentido de lo que comentamos (la invocación al sol y a la luna en las fórmulas rimadas), sobre la personificación tanto del sol como de la luna; nos dice quye estas concepciones están en consonancia o:

> *en concordancia con las que todavía atribuyen personalidad al astro del día, y numerosas invocaciones, casi no más que unas formulillas unas, otras verdaderas oraciones, paganas las másveces, se dirigen al Sol como a una divinidad sensible a los homenajes y a los votos, capaz de oír las súplicas y bastante poderosa para acogerlas. Las más frecuentes son aquellas en que se le saluda cuando sale y se le ruega que difunda por el mundo su almo calor. (Sebillot: 319)*

Y, concretándonos aún más sobre este tipo de fórmulas rimadas de invocación al sol, añade Paul Sebillot lo siguiente:

Las rimas con que se implora del sol en invierno que caliente la tierra son numerosas en Francia, sobre todo en el mediodía, donde los pastores le dicen que se mueren de frío. Los de Cataluña le manifiestan que no tienen capa nicapote para defenderse de este. (Sebillot: 322)

También son –como podemos ver por este corpus que editamos– muy abundantes estas fórmulas rimadas de INVOCACIÓN AL SOL, PARA QUE SALGA Y CALIENTE (núms. 16-54) a quien lo invoca, en distintas áreas de la provincia de León y, dentro de dos o tres estructuras, muy ricas en variantes.

Tal invocación solar está estructurada a partir de elementos como los siguientes: la paronomasia inicial de "sol" o "solín" (en diminutivo característicamente leonés, exigido por la rima) y el imperativo "sal" con el que se le invoca. La secuencia temporal cuya presencia se pide: "un poquitín", "por hoyu y por mañana", a lo que suele añadirse "y por toda la semana"…; una gradación temporal marcada por la rima. Y el objetivo que del astro rey se pretende: "calienta", "caliéntame a mí", "caliéntame el hocico" (o "el hociquín", en diminutivo exigido por la rima), o "caliéntame las manos".

Pero hay otras fórmulas rimadas, que también editamos, con invocaciones al sol que enriquecen la perspectiva que acabamos de indicar. Se le hacen otras peticiones, como "arrodea to este campo". Se le dice quién lo llama: "que te llama mi señor". Y aparece el emblemático motivo de la capa, una prenda de indumentaria campesina que solían llevar, por ejemplo, los pastores, como también los labradores. De ahí que se hable, en estas invocaciones solares, de "la capa del pastor", o de "una capa de color" que se le ofrece al propio astro. Tengamos en cuenta una analogía significativa: el sol proporciona calor durante las horas en que permanece en el cielo, al igual que la capa cuando alguien se vista con ella.

En otras fórmulas solares de invocación, se le pide al astro que salga "a la puerta el mi corral" (un espacio íntimo y doméstico, en el que desarrollan los campesinos parte de su vida). Y, para ello, se le promete un regalo dinerario:

"que te quiero dar un real". Al tiempo que se especifica el tiempo que se requiere la presencia del astro: un día, el siguiente y la semana completa.

Dentro del regalo que se le promete, se encuentra "un puñadito de sal"; de ella, tienen experiencia los campesinos, pues se la han de dar al ganado, especialmente al vacuno. Y no deja de aparecer tampoco, dentro de los regalos prometidos, el de un alimento: "que te damos un bollito".

En definitiva, se le invoca al sol, porque la experiencia campesina de siglos sabe que se trata de un astro de vida; gracias a su luz y a su calor, aumenta, se renueva y se regenera la vida humana, animal y vegetal, en definitiva, la vida cósmica.

Y, si el sol –para la percepción campesina– es el astro del día, la luna lo es de la noche; de ahí que también se la invoque en fórmulas rimadas muy hermosas. Las INVOCACIONES A LA LUNA (núms. 58-77) que editamos se hallan configuradas del siguiente modo: Al ser astro nocturno, se le hace un ofrecimiento gastronómico, que se deposita en un lugar íntimo y doméstico como es el de la cama, donde se pasa la noche: "debajo la cama, tienes la cena".

Tal es la estructura esencial de la fórmula de invocación a la luna. Pero, aumentándole nuevos versos, se especifica en qué consiste tal cena, a través de una innegable hipérbole: "cinco pollitos y una ternera".

Pero la fórmula de invocación a la luna deriva también por otros caminos y derroteros. En uno de ellos, se le realiza una orden, doméstica y culinaria, que conocen bien las gentes campesinas: "casca los huevos en una cazuela", o "en una tartera", según otra variante.

También –como hacían con los niños–, se la manda a la escuela, humanizándola, con una merienda exigua: "coge un cacho pan y vete a la escuela". La escolarización de niños y niñas, en los ámbitos rurales, ha sido un proceso progresivo realizado a lo largo de todos los tiempos modernos.

O se le ordena que realice una pequeña compra: "toma un ochavo para canela"; el tipo de moneda a que se alude habla a las claras de la antigüedad de la fórmula.

Pero incluso, como remate y como culmen, –y aquí aparece el mundo campesino de los afectos–, se le hace una peticiónde tipo psíquico e íntimo, decisivo para el existir y para que se produzca la prolongación de la vida humana: "dile a mi amorcito, por Dios, que me quiera"; convirtiendo a la luna, de este modo, en celestina, en intermediadora del amor, en definitiva, en astro femenino del amor.

No podemos tampoco olvidar –ya que acabamos de aludir a las invocaciones a los dos astros: el del día (el sol) y el de la noche (la luna)– la fórmula, con sus variantes (núms. 10-15), en la que se establece una suerte de diálogo entre el sol y la luna, lanzándose acusaciones mutuas entre ambos.

Los etno-textos relativos a los indicios meteorológicos –ya que la favorable meteorología es tan importante, en el mundo campesino, para favorecer el nacimiento, crecimiento y consecución de los frutos; así como para la conservación y aumento de los ganados–, ya sea utilizando los indicadores de la luna, del viento, de las cabañuelas, de los arreboles celestesdel amanecer y del atardecer, o también del arco iris, tienen una gran presencia e importancia.

Una atención especial merecen también LOS ARREBOLES como indicios meteorológicos (núms. 95-107), tanto del amanecer, como del atardecer, con sus hermosas coloraciones celestes, en tonos cálidos (rojizos, anaranjados, dorados, amarillos…), que tanto han llamado la atención del mundo campesino. De hecho, al contemplarlos, en concreto al atardecer, han tratado de verbalizarlos de modo metafórico, a partir de su propia experiencia, y les han dado, por ejemplo, el nombre de "la vaca desollada", por ese tipo de tonos que tiene el pellejo interno del animal, pegado a su cuerpo, cuando se sacrifica y se desuella, para ir realizando los distintos procesos hasta obtener la carne de tal animal.

Pero la observación de los arreboles interesa a los campesinos, porque se toman como indicios meteorológicos. Para ello, realizan varios tipos de distinciones, según y como aparecen en las distintas fórmulas rimadas de nuestro corpus. Se realizan las distinciones de si son de amanecer o de atardecer; si se hallan localizados al saliente o al poniente; o, en fin, si se hallan ubicados hacia localizaciones topográficas concretas.

Primero, sin embargo, hemos de dar algunas de las denominaciones campesinas leonesas que se dan a tales arreboles, según pueblos, localidades y áreas. Nos encontramos con las siguientes, presentes en las fórmulas rimadas que editamos: "arrebolada", "revolada", "relumbrera", "rubianza" (la denominación que aparece en mayor número de ocasiones), "rubia", "rubiana", o, en fin, la forma adjetivada de "encarnao".

Las localizaciones espaciales o geográficas pueden especificarse de modo general e impreciso ("pa arriba", "pa abajo"), en relación con los puntos cardinales ("pal naciente", "pal poniente") o utilizando determinadas referencias toponímicas ("pa Babia", "pa las Babias", o también "pa La Baña").

Mientras que las referencias de tipo temporal se concretan del modo siguiente en las fórmulas rimadas de nuestro corpus: "de madrugada", "al amanecer", "de mañana"; "de tarde" o, también incluso, "al anochecer".

Y, en cada caso, según distintas perspectivas y variedades, se toman como indicios ya sea de buen tiempo y, por tanto, soledado, o, por el contrario, de mal tiempo, tanto con lluvias como con vientos y con aires.

LAS NUBES, NUBLADOS y NIEBLAS también le sirven al campesino como indicios meteorológicos (núms. 117-132) y constituyen señales de bueno o de mal tiempo, esto es, soleado o, por el contrario, húmedo y lluvioso, según la dirección hacia la que se encuentren ("pa abajo", "pa arriba"), o, en algún otro caso, según una indicación toponímica, esto es, según la localidad hacia la que aparezcan ("pa Fornela", "pa Burbia").

Las variantes de la fórmula relativa a CUANDO LLUEVE Y HACE SOL (o frío) (núms. 156-165), además de tener un carácter de constatación meteorológica, relativa al bueno o mal tiempo, presenta asimismo un claro sesgo pastoril.

Hay una serie de fórmulas rimadas (núms. 189-203) que aluden a la aparición de la nieve una vez que el otoño avanza, a partir de TODOS LOS SANTOS y en otras fechas del santoral de la estación indicada, particularmente por San Andrés. Entre ambas festividades, queda acotado todo el mes de noviembre, ya que la primera lo abre mientras que la última lo cierra.

En el transcurso de tales días, se presente la nieve bien "por los altos" (en la montaña) o bien "por los pies" (en el hábitat humano).

Tampoco habría que olvidar los CONJUROS CONTRA LA TORMENTA (núms. 205-211), tan temida por los campesinos, debido a los daños y estragos que, tradicionalmente, ha causado y sigue causando a los sembrados de todo tipo, cerealesy frutos, como también a los rebaños, a las casas y edificaciones y a las mismas personas. Tales conjuros también están presentes en nuestro corpus.

En el caso de la tormenta, que comentamos, son llamativas las fórmulas rimadas de tipo invocativo, dirigidas a la nube mala o a la truena –que de los dos modos se denomina–, para que se detenga y no haga daño alguno a personas, edificaciones, ganados o sembrados, al tiempo que se tocan las campanas de la iglesia parroquial contra ella. Se trata de los toques llamados a "tente nube", muy conocidos y utilizados en varias áreas geográficas de la provincia de León.

Y tal mandato dirigido a la nube mala o a la truena, para que se detenga y no haga daño, se fundamenta –tal y como las fórmulas rimadas indican– en un argumento de tipo religioso: "que Dios puede más que tú".

Tampoco tendríamos que olvidar las fórmulas rimadas relativas a EL ARCO IRIS (núms. 212-224), que, con sus coloraciones y su medio círculo en el cielo, ha fascinado siempre a las gentes campesinas, tanto a los adultos como a los niños. Hay sobre él, claro está, fórmulas rimadas.

A través de ellas, se pronostica el tiempo meteorológico que va a hacer, utilizando como referencia el arco iris; aunque, de modo desengañado y escéptico, se expresa que "ni mal tiempo ni bueno", tomándolo meramente como "señal que ha llovido y vuelve a llover", o como tiempo en el que tanto "llueve y hace sol", como "llueve y hace frío".

Tampoco faltan las fórmulas (núms. 225-230) que expresan una creencia popular, como es la de que el arco iris bebe en alguna corriente de agua (fuente, río, charco…), personalizándolo de ese modo ("Cuando llueve, el arco de Dios bebe.")

Por lo demás, los nombres con los que es denominado en tales fórmulas rimadas son los de "arco" meramente, apareciendo también el diminutivo "arcuelo" (por imperativo, como en tantas fórmulas, de la rima), o, añadiéndoles una connotación religiosa, "arco del Señor" o, como acabamos de ver, "arco de Dios"; sin faltar otras que toman otros derroteros, como la de arco de la vieja ("arco da vella") o, también, "arco del judío".

LA NATURALEZA

Tampoco escapa la naturaleza a la poetización tradicional de los campesinos, a través de distintos tipos de fórmulas rimadas. Así, en unos lugares y en otros, aparecen documentadas las relativas al agua; a las plantas, semillas y frutos; a los cereales, en varios sentidos; a las distintas labores agrícolas, según los meses y según el santoral en el transcurso del año; así como a los árboles.

Editamos un considerable número de ellas, aunque no en tanta cantidad como en los otros tres campos. Documentamos una pequeña formulilla, a modo de oración, si es que así puede considerarse, muy breve, que alude al paso de Dios y de la Virgen por un paraje del campo en el que hay una corriente de agua. Quien va a beber recuerda a los personajes sagrados, para que el agua no le haga daño y, si no es potable, que la vomite ("Por aquí pasó Dios, - por aquí la Virgen", núms. 235-245).

Dos son los tipos de fórmulas rimadas que, en este campo, resultan más llamativas: por una parte, el diálogo entre varios tipos de granos y de frutos; y, por otra, las utilizadas en la labor de extraer la caña o cáscara entera de la vara de los árboles, para hacer una gaita o silbo. De ahí que pasemos a comentarlas especialmente.

Las fórmulas rimadas estructuradas por medio de un DIÁLOGO ENTRE DISTINTOS TIPOS DE SEMILLAS Y FRUTOS (núms. 247-259 y 261) son muy significativas, pues, por una parte, supone el otorgarles, por el ser humano, un carácter animado y, por otra, porque constituyen una suerte de disputas –al modo de las disputas o debates literarios medievales, cultivados en toda Europa y que, en España, cuenta con obras como la *Disputa del alma y el cuerpo*, o la *Disputa entre un cristiano y un judío* o, también, la *Razón de amor con los denuestos del agua y del vino*– en las que cada semilla o fruto trata tanto de ensalzar sus propias cualidades como de atacar a la semilla o fruto rival con el que contiende en el diálogo.

Así, nos encontramos fórmulas rimadas en las que dialogan, como contendientes y rivales, el centeno con la linaza; la nabina con el garbanzo; la linaza con el trigo; el trigo con la nabina; la judía con el garbanzo; el garbanzo con la linaza; la berza con el nabo; la manzana con la pera; o, también y ya en otro sentido, la sugerencia de un grano de maíz a otro, ya que los han sembrado juntos, a ver cuál de los dos germina.

De este modo, semillas, granos, cereales, hortalizas, legumbres y frutos –sobre todos los cuales tienen experiencias agrícolas los labradores, ya que forman parte del sustento de las comunidades campesinas– debaten, disputan y contienden sobre sus cualidades, tratando de alcanzar una determinada hegemonía y preeminencia sobre sus contendientes.

El otro tipo de fórmulas rimadas que constituyen un conjunto muy significativo y poética y rítmicamente muy eficaz, es el de las utilizadas para EXTRAER, en primavera, LA CORTEZA O CÁSCARA entera DE LAS RAMAS JÓVENES DE DETERMINADOS ÁRBOLES, CON EL FIN DE ELABORAR GAITAS O SILBOS CON ELLAS (núms. 311-344). Tarea que realizaban los hombres adultos de la familia, para darles a los niños tales instrumentos musicales.

Pues, bien, en la provincia de León, a la hora de tratar de extraer tal corteza entera, seiba ablandando con sucesivos golpes del mango de la navaja que daba el adulto a la rama, al tiempo que, para marcar el ritmo de los golpes, iba recitando una fórmula rimada.

Abundan tales fórmulas en la provincia de León. Las editamos aquí. Y, en su momento, publicamos un trabajo sobre ellas (ver en la bibliografía), con el título de "La elaboración primaveral de gaitas, chiflos o silbas en la provincia de León (fórmulas rimadas)" (2022).

Los verbos que se utilizan, según las áreas leonesas o incluso las localidades, para tal acción de golpeo y extracción de la cáscara o corteza entera de la rama del árbol, con el fin de elaborar la gaita, son –siempre en imperativo– los "salir", "sudar" y "tallar".

El significado del verbo *salir* referido a tal acción, no necesita explicación ni comentario. Una de las acepciones del *Diccionario de Autoridades* de la Real Academia Española para el verbo *sudar* es la siguiente: "Metaphóricamente vale destilar los árboles, y plantas algunas gotas de xugo"[1]. Mientras que el verbo *tallar* es definido por el mismo diccionario como: "Cortar, o tajar: y así se decía comúnmente en lo antiguo."[2]

Los tipos de árboles o de arbustos que aparecen en este pequeño corpus leonés de este tipo de fórmulas rimadas son los del nogal, así como también la *salivera* (variedad o tipo de salguera o sauce).

En cuanto a los motivos que aparecen en tales fórmulas, tienen todos ellos que ver con un hecho, como es el de dirigirse por medio de un imperativo a la vara del árbol, que aparece en vocativo, a la que se le otorga vida, considerándola como un ser animado, que puede incluso comprender lo que se le dice.

Y, así, nos encontramos con un motivo gastronómico: el mortero de sopas, unalimento diario de las gentes campesinas leonesas. O, también, con dos tipos de recuentos, como elemento coadyuvante para ir marcando los golpes rítmicos con el mango de la navaja a la vara: uno, el recuento de las casas que hay en el pueblo y, el otro, el recuento de las mozas del lugar o de la comarca. Y no falta tampoco el hecho de atribuirle una genealogía (humanización) a la vara o palo: es hijo de una madre y nieto de una abuela. También resulta llamativo el que se le atribuya un padre que va a la villa por pan, tortilla y vino.

El ser humano, el ser campesino, –a través de un procedimiento analógico– humaniza y acerca a su propia experiencia todo aquello que conoce y de lo que tiene experiencia. Además, en estas fórmulas rimadas, el trabajo y el juego van de la mano, esto es, lo laboral y lo lúdico.

---

1   RAE, *Diccionario de la Lengua Castellana...* [conocido como *Diccionario de Autoridades*], Tomo VI, Madrid, Imprenta de la RAE, por los Herederos de Francisco del Hierro, 1739, p. 174.

2   RAE, *Op. cit.*, p. 217.

Los hombres de la familia (abuelo, padre, tío…), cuando trabajan en el campo en primavera, cortan varas o ramas de árboles, para hacer gaitas o chiflos o silbos a los niños de la familia, que los tocan como entretenimiento y como juego.

Este ámbito de los silbos, pequeñas flautas, caramillos vegetales, que, en primavera, realizan los familiares adultos (abuelo, padre, tío…) a los niños, para que toquen tales instrumentos, nos lleva a un mundo antiguo, clásico, bucólico, en el que nos encontramos al fondo con Teócrito o con Virgilio, que tan hermosamente cantaran las apacibles horas pastoriles en una naturaleza idealizada o *locus amoenus*.

LOS ANIMALES

El tercer gran ámbito que establecemos a la hora de documentar las fórmulas rimadas, vivas en la tradición campesina de las distintas áreas leonesas, es el relativo a los animales, que han ejercido siempre una gran fascinación sobre el ser humano, en su trato, de muy diversos tipos, con ellos; de ahí ese encantamiento que se percibe en los distintos tipos de fórmulas rimadas que se le dedican.

Así, nos encontramos con el mundo de los insectos, algunas de cuyas variedades están muy presentes en las fórmulas rimadas que se les dedican. Como, por ejemplo, LA MANTIS RELIGIOSA (núms. 345-356), nombrada en los versos leoneses con nombres tan variados como los de María Ramos, paramesa, parraguesa, Santa Teresa o Teresa.

Pero el insecto que se lleva la palma es el de LA MARIQUITA (núms. 357-478); el corpus más amplio, con variaciones de todas las fórmulas rimadas que hemos recogido y que editamos: con ciento veintiún etno-textos), a la que se le dedica una fórmula rimada, ya conocida desde antiguo y con muchas variantes, para ser entonada cuando se coge el insecto y se coloca en las manos, cuyos dedos va recorriendo antes de echarse a volar.

Tal fórmula rimada –al igual que ocurre con la dedicada a la mantis religiosa, a otros animales, o al sol y a la luna…– está estructurada como invocación, lo que nos habla de una actitud de sacralidad ante y hacia todo lo creado.

Los nombres que se dan a la mariquita en el ámbito leonés, tal y como puede observarse en las fórmular rimadas, son muy variados y fascinantes. Conviene que los indiquemos, para advertir el hechizo que ha causado este insecto entre las gentes campesinas y, particularmente entre los niños.

Nombres dados en los diversos ámbitos leoneses a la mariquita: angelín, angelina, angelito, boín (diminutivo de buey), bolica, caracol, caracolín, caracolito, carolina, carralina, carrilina, carrolina, catalina, catasol, coca, coquita, coca de San Antón, coca panadera, coquín, coquina, coquita, coquita de San Antón, coquito, cosquita, gallina, gallinita, margarita, mariposa, mariposina, mariposita, mariquita, mosquitín, pajarín, pajarina, pajarita, palomina, palomita, panaderina, papasolín, pastorina, perrín, perrina, sabelita, sananita, santanica, sapina, sastrín, solito y vaquina.

Muchos. Son los que aparecen en las distintas fórmulas rimadas que hemos recogido y que editamos en la presente publicación. Hay, en tales nombres, aparte de la variedad por la que aparecen marcados, un innegable rasgo de afectividad, acentuada por el abundante uso de los diminutivos, lo que habla de un gran aprecio por parte de las gentes, y de los niños, hacia este insecto, tan vistoso, con su doble caparazón rojo, moteado por lunares negros.

Como indica A. Riera, en su trabajo sobre los "Nombres de la mariquita" (1950): "lo primero que salta a la vista es que la inmensa mayoría de estas palabras denotan cariño y benevolencia. Tienen, casi todas, forma de diminutivo afectivo. Es que se trata de un bichito muy simpático a los chiquillos y a los mayores." (Riera: 637)

Pero, si la mariquita se lleva la palma en el ámbito de las fórmulas rimadas dedicadas a los insectos, no faltan algunas otras dedicadas, por ejemplo, a la araña; o para que el enjambre se introduzca en la colmena; o para hacer salir al grillo de su agujero; o, en fin, para interpretar el canto estival de la cigarra.

Otro fascinante mundo en el ámbito de las fórmulas rimadas es el relacionado con los pájaros. Está marcado por la variedad, tanto en sus formas como en su carácter. Aquí, los que cuentan con un mayor número de manifestaciones son los relativos a la cigüeña, al cuco y a la golondrina.

Sin olvidar –y por aquí comenzamos– las fórmulas rimadas que aluden al PROCESO DE CRÍA DE LOS PÁJAROS (núms. 504-552): desde que realizan el nido, ponen en él sus huevos y los incuban, hasta que salen los nuevos retoños; procesos todos ellos que tienen lugar –según indican los versos de las fórmulas leonesas– entre los meses de marzo y de junio, esto es, a lo largo de toda la primavera.

Sobre tal tipo de fórmulas, publicamos en su momento un trabajo en la *Revista de Folklore*, titulado "Materiales para un folklore sobre los pájaros. I. Anidar, engendrar, criar (fórmulas rimadas)" (1999). En él, editábamos catorce fórmulas rimadas leonesas sobre tal fenómeno, ampliadas hoy en esta obra, en la que damos un total de cuarenta y siete fórmulas rimadas de este tipo, como puede comprobarse; además de otras más, sobre todo de tierras salmantinas. No vamos a reiterar el análisis que allí realizábamos; aunque sí daremos algunas nuevas notas. Y remitimos a los interesados en profundizar en el tema a la lectura de tal artículo.

El proceso de cría de los pájaros, que tiene como secuencias las de preparar los nidos, poner los huevos, incubarlos y que se remata con la aparición de los nuevos pájaros y con su abandono de los nidos, tiene lugar en los meses que van de marzo a junio, ambos incluidos, según indican las fórmulas rimadas de nuestro corpus. A veces, en casi ningún caso, aparece el mes de febrero.

A cada mes se le aplica una función concreta. Marzo es el de la elaboración y preparación de los nidos, lo que se nombra como "nial en zarzo", "nidarzo", "nialarzo" (el término más utilizado) y otras variantes más, todas ellas neologismos muy expresivos, como puede observarse.

Abril es el mes de la puesta de los huevos en los nidos, así como el de su incubación. Lo que se nombra con la misma expresividad que ocurriera para marzo, recurriendo también al procedimiento de los neologismos: "hueveril" o "güeveril", como término más utilizado, aunque aparecen también otros, como: ""guguril", "gogueril", "goguil","goveril", "güevil" y otros varios por el estilo.

Mayo es el mes en el que ya eclosionan los pájaros nuevos en los nidos, lo que suelen mostrar las fórmulas con un menor número de variantes, al predominar, en casi todas ellas, un término derivado de pájaro y también neologismo: "pajarayo".

Pero el remate de tales fórmulas, cuando ya los nuevos pájaros cobran autonomía y abandonan los nidos, es cuando las fórmulas desarrollan una mayor variedad y, por lo mismo, una mayor sorpresa y hasta un mayor encanto. Mostramos algunas de tales alternativas de los remates: "en San Juan, volarán; / y, en la yerba, vete a la mierda"; o: "junio, hoz en puño", aludiendo muy expresivamente a las labores veraniegas y cerealísticas que se inician; o, nombrando los santos de finales de junio: "por San Juan, los pájaros a volar; y, por San Pedro, corre detrás de ellos"; mezclándose también los vuelos sanjuaniegos de los nuevos pájaros en busca de los granos maduros: "y en San Juan volarán / por los granos del pan"; el abandono de los nidos por parte de los pájaros, cuando cobran autonomía, se expresa asimismo de un modo desolado: "y junio, pájaro ninguno"; se adentra también la fórmula hasta el santoral de julio, cuando se indica: "y, en Santa Marina, ganarán la vida"; se alude al mes de la hierba, que es julio, un producto de gran importancia en una sociedad campesina ganadera y vacuna como es la leonesa: "en el mes de la hierba, se siega el pan"; como había una tradición de que los niños cogían pájaros, como entretenimiento, se alude también a la dificultad en hacerlo, en el remate de otras fórmulas, cuando indican que, por San Pedro, "cógeles tú, que yo ya no puedo", o "ningún chiquillo les alcanzará el vuelo", o también "ya no los pilla el perro", o incluso –porque constituían algunos alimento para las gentes–, por San Pedro, "ya están gordos a cogerlos".

Tales son algunos de los rasgos de estas fórmulas rimadas, muy conocidas en la provincia de León, en sus diversas áreas geográficas, y de las que damos una amplia muestra en esta publicación.

Las fórmulas rimadas dedicadas a LA CIGÜEÑA (núms. 558-6012), también bajo la estructura compositiva de la invocación son muy características y singulares. Damos un total de cincuenta y seis versiones. En ellas, el niño (o el adulto) se dirige directamente a la cigüeña, en vocativo, invocándola y añadiéndole al nombre un calificativo que rima con la asonancia e-a del propio nombre de 'cigüeña'; tales calificativos son los siguientes: baleña, barreña, barrueña, veleña, careña, cigüeña (en nombre reiterado), madrileña, magüeña, malagueña (muy abundante), maragüeña, mareña, meleña, parreña, patacueña, rabueña, rateña, reteña (también abundante), retuerta, ribeña y rupeña.

Como puede observarse, la creación de neologismos muy expresivos es una tónica muy característica de esta fórmula rimada. En muchas de ellas, se le da después una orden: "súbete a la peña", por un motivo: "que allí están tus hijos / pidiéndote pan", para que cumpla una obligación que ella quiera escamotear y en cuyo renuncio se la ha pillado: "que eres una tuna, / que no se lo das".

Esta es la estructura. Pero aparecen otros muchos matices en unas y otras variantes. Así, se alude a que "la casa te se quema". O a que, para volver los hijos, les escriba una carta: "escríbele una carta, / que ellos volverán".

Se indica, en algunas fórmulas, dónde se van los hijos, ya sea a un topónimo, real o inventado (Villamañán, Miñamiñán, Villaván, etc.), o a un determinado enclave ("la viña", "la orilla del mar", etc.).

En el mandato que se ordena a la cigüeña de subir a la peña, en algunas variantes, se añade un dato significativo: "que allí está tu abuela", al tiempo que se indica lo que la abuela está realizando: "comiendo ciruelas", "cascando la muela" y otras cosas por el estilo.

En fin, se trata de una fórmula rimada muy abundante, ya que la cigüeña es un ave migratoria, bien conocida por el campesinado leonés, que pasa los meses primaverales y estivales en las torres, espadañas y campanarios de las iglesias de los pueblos. De ahí esa familiaridad y esa invocación, llena de inventiva y de recriminaciones, con la que es tratada por las gentes campesinas.

La presencia del CUCO en las fórmulas rimadas recogidas en la provincia de León es muy abundante

Por una parte, y a través de nuevo del recurso de la invocación, se le hacen PREGUNTAS AL CUCO (núms. 616-649) –como si de un oráculo se tratara– sobre varias cuestiones, esenciales para el ser humano en el medio campesino: el pastor le pregunta por los años que ha de estar con el ganado; también se le pregunta –indudablemente de modo irónico, en un tipo de fórmula que trata de reproducir el canto del propio cuco a través de la respuesta– por quién le ha comido la olla; el mozo o la moza le preguntan por el tiempo que queda hasta el día de su boda; mientras que los ancianos, inquietos, le preguntan el tiempo que les queda de vida, los días que les quedan para el momento de su entierro.

También se interpreta EL CANTO DEL CUCO EN LOS MESES DE PRIMAVERA (núms. 650-665), o la falta del mismo. Si no canta, se interpreta como signo de que padece mal en su garganta, o de que ha muerto o va a llegar mal tiempo, o como señal de enfermedad o de muerte; o, más imaginativamente y como analogía con los soldados que se ausentaban de los pueblos, como signo de que se fue a servir al rey.

Son abundantes asimismo las fórmulas rimadas (EL CUCO PONE EL HUEVO EN NIDO AJENO, núms. 669-675) que aluden a lo cuco que es el cuco (valga la redundancia), que, de modo astuto y ladino, pone sus huevos en los nidos de otros pájaros, para que se los incuben y salgan los nuevos cuquines. Al tiempo, claro está, de que algunas fórmulas rimadas lo tildan de holgazán.

Nosotros publicamos, en febrero de 2023, en la *Revista de Folklore*, un artículo que titulamos "El cuco como oráculo en la provincia de León (fórmulas rimadas y refranes)", aludiendo, sobre todo, a las fórmulas en las que se le invoca sobre el tiempo laboral, la boda o la llegada de la muerte. Así como al carácter del propio cuco, a su llegada, su astucia y holgazanería. En total, editábamos treinta y seis fórmulas. Mientras que aquí aumentamos su número a sesenta y una. Enviamos a tal artículo a los interesados en profundizar en las explicaciones que, sobre el cuco y todo el imaginario que en torno a él existe en nuestro mundo rural, dan las gentes campesinas.

Deliciosas son las fórmulas rimadas en torno a LA GOLONDRINA (núms. 680-713). Son abundantes y están articuladas según la estructura de pregunta o interrogante dirigido al pájaro y respuesta justificativa por parte de la misma golondrina, que, para el mundo campesino, es un pájaro sagrado, porque le quitó, en la pasión y muerte, las espinas de la corona de Cristo y, como señal y recompensa de aquel hecho, llevan unas plumillas rojas en lo alto de la pechera, bajo el pico.

Hemos dividido el corpus de tales fórmulas en tres grupos. El primero (núms. 680-711) es el más amplio, pues abarca casi la práctica totalidad de ellas. En estas fórmulas, aparece una relación de dos hechos: el barrido de la casa y la estancia en el mar. Son significativos en ellas los vocativos utilizados para imprecarlas: "cuchina, marrana", "mariquita", "folgaciana", "holgazana", "cochinita", "maruxina", "marujita"…, vocativos en los que predomina el uso de un diminutivo que oscila entre los polos de la afectividad y de la severidad, del ajustarles cuentas, puesto que, en tales fórmulas, son tachadas de holgazanas y de cochinas y marranas, esto es, con falta de higiene. Pese a que las pobres, también según lo indicado en las fórmulas, tejen, así como edifican su casa y su hogar para criar a sus hijitos.

El segundo grupo (núm. 712-713) alude al hecho de pasar el invierno en casa de un sastre (de nuevo el motivo de la tejeduría, del ámbito de lo textil), en las lejanías de Galilea; algo sobre lo que hay que llamar la atención, puesto que las andanzas espaciales que realizan las golondrinas tiene que ver con su carácter de aves migratorias. Mientras que el tercer grupo (núm. 703) hace referencia al motivo, tan campesino, para combatir los duros fríos invernales,de la corta de leña en el monte.

También forman grupo significativo, pese a no sermuy numeroso, las fórmulas relativas a EL CARACOL (núms. 741-748). En ellas, se invoca al caracol, al que se nombra en vocativo, subrayando las resonancias fónicas para aumentar la eficacia de la invocación –ya sea mediante la reduplicación del nombre: "caracol, caracol"; o ya mediante la reiteración de la última sílaba: "caracol, col, col"–, con el fin de que saque al sol sus cuernos tal y como hicieran sus propios padres antes que él.

Es fórmula rimada que ya se conocía en nuestro mundo clásico español. El maestro Gonzalo Correas –muy citado a lo largo de esta obra– nos indica que "Es dicho de niños, buscándolos". (Correas: 106)

En algunas de las fórmulas (núms. 735-736), es nombrado como "limaco". Y, en ellas, aparece la amenaza de la muete, por parte de quien invoca, si no saca los cuernos al sol el animal imprecado.

Algunas de las fórmulas en torno a LA CULEBRA y a LA VÍBORA (núms. 750-763) están articuladas, de modo muy expresivo, como un diálogo, con sus preguntas y respuestas, aludiendo siempre al hecho de la capacidad que tienen ambos reptiles (que, en el fondo, se toman como sinónimos) de despertar al hombre, cuando se encuentra en el campo, así como de picarlo e incluso de ocasionarle la muerte con su picadura.

Y otras fórmulas por el estilo (núms. 755-762) están construidas casi siempre a través de una estructura gramatical en condicional ("–Si te pica…"; "–Si te muerde…"), para indicar el terrible efecto mortífero para el ser humano –según la estimativa popular campesina– que tiene la picadura o mordedura de la "culebra", del "anavión" o "avión", del "escolón" y… del "escorpión"…, que todos esos nombres recibe.

Mientras que tanto el bastardo como la culebra son tenidos como enemigos, EL LAGARTO es considerado, por el contrario, como amigo del hombre. Son muy expresivas las fórmulas rimadas (núms. 767-771) en las que se le invoca, reiterando su nombre y motejándolo incluso de "mamón", en unas amenazándolo ("te parto") si no dice la verdad; en otras, acusándolo de haber mamado las cabras (recordemos la creencia popular de que las culebras maman cabras, vacas y hasta a las mujeres que están dando el pecho y criando a algún niño pequeño; como también los lagartos se cree que maman a las mujeres); y también, aún en otra (núm. 768), se le pide auxilio para que salve a un hombre al que quiso picar una culebra.

De nuevo, se recurre al mecanismo de la invocación en las fórmulas rimadas sobre LA LAGARTIJA (núms. 777-796), con la estructura predominante de "–Sal, lagartija, sal…" (vocativo flanqueado por un mismo imperativo que se reitera), para indicarle que sus padres le comen la sal; o bien para decirle que su padre está en el mar y su madre en la carretera; o incluso para expresarle que sus padres la quieren matar y quien la invoca quiere salvarla…, entre otras varias lindezas, en no pocos casos motivadas por efecto de la rima.

También se le indica que salga a la puerta –en una asociación con lo humano; en una suerte de humanización–, ya que su marido llega "cargado de trigo" o bien "temblando de frío", según el caso.

El dicho ya era conocido, en distintas variantes posiblemente, en nuestros siglos de oro. Ya que el maestro Gonzalo Correas, que lo recoge, nos vuelve a indicar: "Dicen esto los chiquillos, buscando lagartijas entre las peñas." (Correas: 442)

Vuelve a aparecer la invocación, una vez más, como uno de los recursos expresivos más utilizados en las fórmulas rimadas –tal y como vamos viendo–, en algunas fórmulas relativas a LA RANA (núms. 801-805), que suelen comenzar como "–Sana, sana…", "culo de rana", "culito de rana", "mal de rana"… y tener como remate una expresión de sanación a medida que pase el tiempo: "si no sanas hoy, sanarás mañana."

También era conocida esta fórmula en nuestra época clásica de los llamados siglos de oro. Y Gonzalo Correas –que nos la documenta– le otorga el siguiente sentido: "Salmo de muchachos que dicen a otro escupiéndolo en lo herido y burlando." (Correas: 443)

Sobre la picadura mortal atribuida a EL ESCORPIÓN o alacrán ("coge la pala y el azadón", "prepara la pala y el azadón", etc.), (núms. 814-833), hay una paremia que se nos presenta con una doble estructura lingüística: comienza bien por un nombre o sustantivo ("Picada de…", "Picadura de…", "Mordedura de…"; núms. 814-820), o bien por una proposición condicional ("–Si te muerde…", "–Si te pica…"; núms. 821-833), más abundante esa última estructura.

Respecto a los nombres otorgados al animal venenoso y mortífero (según la estimativa popular), aparecen: alacrán y, sobre todo, escorpión, con 'escripión' como variante del segundo. Pero, en algunas de las fórmulas, que se alargan y exceden al mero pareado, se alude a otros animales, también mortíferos, asociados a los primeros: la culebra, la 'martica' y la 'donicela'.

Aparecen también en nuestro corpus varios ejemplos de una fórmula rimada sobre EL CANTO DEL GALLO Y SU INTERPRETACIÓN (núms. 848-856). Se halla estructurada por medio de un diálogo, en el que el gallo exclama gozoso, a modo de primer kikirikí: "–¡Cristo nació!"; la oveja le pregunta que dónde, a lo que él responde, asimismo exultante (como en un segundo kikirikí): "–¡En Belén! ¡En Belén!".

Suelen aparecer en esta fórmula como personajes del diálogo: el propio gallo, la oveja y también los judíos. Su remate varía. Uno de ellos, reiterado en más de una variante, indica: "–¡Calla, cazcarra, / que nació en Granada!".

Es fórmula documentada por folcloristas; aunque apenas la hemos advertido, sin embargo, en nuestra edad moderna. Citamos, en nota a pie de página, un texto de Alonso de Ledesma, que pudiera ser indicio de que se conociera en tal momento histórico.

Unas pocas de muestras hemos recogido y también editamos de QUICO Y LA ZORRA O EL MILANO (núms. 857-863). En tono enunciativo, se narra el brevísimo relato de cómo Quico pastorea sus pollos, que son comidos por la zorra (en algún caso, por el milano), que está al acecho, con la consiguiente alegría del animal y el llanto del pastor "borrico" (así se le califica en tales fórmulas), que se lamenta de la pérdida de su pollada, peroque, sobre todo, maldice a la zorra, deseándole que reviente, debido al atracón de pollos.

Hay una hermosa fórmula rimada, esta indudablemente de carácter más local leonés, utilizada por los niños en sus juegos para sortear o echar a suertes en ellos, en la que aparece LA VACA (núms. 896-898 y 900-901) y en la que cada número del sorteo –a medida que quien lo realiza apunta con el dedo al niño o niña que esté en el corro– se va haciendo coincidir con un golpe de sonido del cencerro de la vaca: "Din, don, - vacarón, / vacas vienen - de León"… Es una fórmula, al tiempo que popular, de una gran belleza, tanto por su contenido como por su ritmo.

Hemos de tener en cuenta, en este sentido, cómo la vaca es un animal de gran importancia en la economía agraria de la provincia, tanto en las riberas como en la montaña. La manada de vacas o vacada es una estampa muy característica en tales paisajes leoneses.

Como puede comprobarse, las fórmulas rimadas en torno a los animales son muy variadas. Hemos llamado la atención, especialmente, en aquellas que forman conjunto, con variantes; pero hay otras que merecerían el mismo análisis o comentario, que, en un texto de presentación del corpus como el presente, no podemos abordar.

EL SER HUMANO

En torno a todo el eje del ser humano en todas sus manifestaciones, eje antropológico por excelencia, desarrollamos –pues así lo realizan las fórmulas rimadas– toda una serie de vías, que van desde lo físico hasta lo psíquico, pasando por el tiempo, las celebraciones, los trabajos y todo aquello que incumbe a nuestra especie, cuando existe en comunidad en el mundo, en algún ámbito terrestre, como ocurre, en nuestro caso, a las sociedades rurales de todas las áreas de la provincia de León.

Recogemos y editamos, de este modo, fórmulas rimadas relativasa la duración: duración de la vida del hombre y de las horas del sueño; alusión a las etapas de la vida; también a todo aquello que tiene que ver con el parentesco, los saludos, el amor, la amistad, la propiedad y el dinero.

No faltan, por la importancia que tienen en la vida campesina, las fórmulas rimadas relativas a los toques de campana.

Como tampoco lo relativo a la comida y el menaje. Aquí, el pan adquiere una gran importancia, de ahí que las fórmulas rimadas hablen, en varios sentidos, de él, de cómo se lamenta de su destino, de los santos y el pan, de los avatares humanos en torno a él, de lo que se formula para que crezca su masa, así como de las pequeñas oraciones cuando se mete el pan en el horno, para que no se malogre, pues es alimento esencial.

Entramos, después, en apartados como la molienda, el vino, la leche, el trabajo. Y tiene, aquí, una especial importancia la vida pastoril, con la diversidad de fórmulas rimadas en torno a ella: tal y como aparece en el ámbito verbal de tales fórmulas, tienen especial significación las relativas al diálogo entre el pastor y los meses –críticos para el ganado– de febrero y marzo, al año pastoril, a la figura del propio pastor y de su mujer, a la del pastor y su propio oficio, así como a otras fórmulas estructuradas por encadenamiento.

Recorremos a continuación los caminos de la indumentaria, con una especial riqueza de fórmulas en todo lo relativo al hilar y al tejer, que se manifiesta verbalmente a través de fórmulas en torno a los meses, los días, las horas y los santos; al aprendizaje; a los primores de la labor; al beneficio de hilar; a la comparación con otras labores; al propio hecho de hilar y las relaciones amorosas; a los golpes con el huso…; sin faltar tampoco, en este campo, adivinanzas y trabalenguas, o determinadas analogías fónicas.

El tiempo cronológico no podía faltar tampoco en la vida del ser humano y de las comunidades en las que vive y a las que pertenece. Y, así, no faltan fórmulas y refranes, en torno al año, a los meses, a las semanas y a los días. Y, de modo especial, a las fiestas, pues hay, tanto en las fórmulas rimadas como en las paremias y refranes, todo un santoral implícito. Y, siempre que aparece el santoral, no falta su asociación con determinados elementos, propios de la fecha en que tal Cristo, Virgen, santo o santa se celebran.

En este ámbito de las fiestas, son especialmente singulares las fórmulas sobre los domingos de Cuaresma, Semana Santa y Pascua; sobre la semana de la Ascensión, con sus letanías y bendición de los campos.

Y ya, descendiendo al ámbito de lo particular y de lo íntimo humano, nos encontramos con fórmulas rimadas sobre el color del cabello, pero también sobre acciones del propio cuerpo humano, como el bostezo, el estornudo, el hipo… y, ay, también con la enfermedad.

Sobre los objetos o las cosas, hay alguna que otra fórmula rimada también.

Y entramos en el ámbito de las oraciones, no de las oraciones teológicas, elaboradas por la autoridad eclesiástica, sino de las oraciones tradicionales y populares, que han ido elaborando, a su modo, las gentes y que se hallan incrustadas en la tradición desde hace siglos. Hay, en este campo, oraciones rezadas al levantarse, al bendecir la mesa, al acostarse, contra la tormenta, para espantar el dolor de muelas…, y otras varias por el estilo. Pero también hay oraciones paródicas, un campo al que tendría que prestarse una mayor atención, pues tales oraciones, llenas de gracejo de desenfado, son deliciosas; así, en este ámbito, nos vamos a encontrar un peculiar padrenuestro, alguna en torno de la misa, o sobre la confirmación.

El ámbito de los juegos infantiles también está marcado por todo tipo de fórmulas rimadas, que las gentes han creado y han difundido al realizar juegos y entretenimientos muy diversos con los niños.

Hay fórmulas ara entretener a niños muy pequeños, para tocar las palmitas, para contar los dedos de la mano (enumerativas y variadas), o los botones, para sortear y comenzar los juegos, para esconderse, al encontrarse una cosa, para hallar una cosa extraviada o perdida, al reclamarnos lo que nos han dado, al levantarse de un asiento, para dar envidia (si así puede expresarse), para realizar juegos con los dedos de la mano, para no pisar raya, para salta-run muro o desnivel, así como otras fórmulasrimadas que aparecen en otros determinados juegos.

Este es, enumerado en líneas generales, el ámbito de las fórmulas rimadas referentes al ser humano que aparecen en el corpus que editamos aquí. Ahora, nos vamos a detener en algunas de ellas, especialmente en aquellas que cuentan con variantes o sobre las que hemos recogido un considerable número, para analizar, siquiera sea con brevedad, su carácter.

Las fórmulas rimadas en torno a la DURACIÓN DE LA VIDA DEL HOMBRE (núms. 908-914) utilizan una gradación que, a través del número tres, nos lleva a los años que vive, genéricamente, una persona.

Tal gradación comienza por el ámbito vegetal (una *sebe*, ese seto vegetal vivo que divide las heredades, tan característico de todo el territorio astur-leonés), pasa al animal (con doble gradación: perro y caballo o burro), para desembocar en el humano. De tal modo que, según tal tipo de fórmula rimada, el hombre viviría en torno a ocherta y un años.

Aunque demos un número menor de etno-textos en este caso concreto (todos ellos hermosos y expresivos), tiene un gran interés la fórmula rimada que versa sobre la DURACIÓN DE LAS HORAS DEL SUEÑO (núms. 915-919), en la que, a través de una enumeración de tipo ascendente, de menor a mayor número de horas, en una escala gradativa, se nos indica las horas que duermen (nos basamos en la primera de ellas; las demás contienen alguna variante) el gallo, el caballo, el santo, el que no lo es, el capuchino, el agustino, el caminante, el estudiante, el gorrino, el pollino, el muchacho, el borracho, así como el perro y el gato.

La belleza de los etno-textos de este motivo sobre las horas del sueño se basa en la sencillez, la enumeración, el orden ascendente, el ingenio, la rima, así como la combinación del mundo humano (con presencia de niños y adultos, de seglares y religiosos) y del animal (con distintas especies dentro de este reino).

Nos volvemos a encontrar con distintas variantes, aunque de tipologías expresivas y compositivas ya diversas, en las oraciones AL METER EL PAN EN EL HORNO (núms. 1001-1017). Se le reza, por ejemplo, para que el pan salga bien cocido, a San Julián, aunque también aparece la figura de San Vicente.

Pero el grueso de tales oraciones, que han tenido una gran vitalidad en Maragatería y en áreas geográficas adyacentes (como la comarca de La Cepeda), lo constituyen las que aluden al pan "enfornao" (enhornado) o en el horno, con una alabanza a Cristo y una ofrenda e invocación a la Virgen para que acuda por él, así como una referencia a las Ánimas Benditas del Purgatorio, como una suerte de memoria de los antepasados, a los que se hace presentes. Todos los elementos indicados constituyen, en León (área de Maragatería siempre, en este caso), el grueso de tales oraciones.

El DIÁLOGO ENTRE EL PASTOR Y MARZO (núms. 1075-1087) constituye, en realidad, un cuentecillo, articulado en parte a modo de fórmula rimada y estructurado mediante un diálogo entre un pastor y el mes de marzo, en un contexto cronológico de espera del final del invierno y, por tanto, de los fríos, tan perjudiciales para los rebaños.

En él, se ufana el pastor –dirigiéndose, por lo general, a marzo– de que, a medida que vayan pasando los días de tal mes ("marzo, marzo, ya te vas marchando") y, por tanto, el frío y las heladas vayan remitiendo, se rebaño ya quedará libre de peligros y, por tanto, prosperará, sin que se le mueran las reses.

Pero marzo le indica que no se las prometa tan felices, puesto que, con los días que a él aún le quedan y otros que abril le preste, pueden venir aún días malos de prolongación del invierno, con el consiguiente estrago para el rebaño, haciendo cargar al pastor con las pellejas de las reses muertas al hombro y con las cencerras que llevaban, atadas en su propia cintura.

Dentro de la catalogación del cuento folklórico de Aarne-Thompson, nos encontraríamos ante un cuentoque pertenecería al primer grupo, de los cinco en que dividen su catalogación los folcloristas finlandés y norteamericano, perteneciente a los cuentos de animales, que comprenden los 299 primeros tipos, y, dentro de estos últimos, pertenece al Tipo 294 'Los meses y las temporadas. Acciones simbólicas' (Aarne-Thompson: 46).

La escasa o poca ganancia del hilar está recogida en una fórmula que, en forma de paremia, la hemos recogido con escasas variantes (núms. 1133-1149); en ella, pese a la poquedad de la labor del hilar, menor es aún –tal y como nos indica el dicho–el beneficio cuando se está mirando u holgando. Mientras que la comparación del hilar con otras labores (núms. 1150-1155), como la de la arada o la de la cava de las viñas, arroja –según la fórmula– una clara desventaja para la del hilado.

Si nos detenemos en el tiempo cronológico, en el apartado relativo a LAS SEMANAS, nos encontramos con una fórmula rimada (núms. 1251-1255) que alude a varias de ellas, en concreto a cuatro de ellas (Ana, Badana, Rebeca, Susana), dentro de la Cuaresma, que anteceden a los domingos de Ramos y de Pascua.

Ana sería el primer domingo de Cuaresma; Badana, el segundo; Rebesca, el tercero Susana, el cuarto; y Lázaro, el quinto. Gonzalo Correas, tal y como indicamos en correspondiente nota a pie de página, ya nos documenta una versión de esta misma fórmula rimada, por lo que es evidente que ya se conocía en nuestros siglos de oro; y este mismo maestro extremeño, que enseñara en la universidad de Salamanca, nos da una explicación del motivo de tales denominaciones a los domingos indicados de las semanas de Cuaresma, que ahora no reiteramos.

Dentro del ámbito de LOS DÍAS, hay una fórmula (núms. 1259-1261), que suele comenzar por el verso de "Mañana es domingo" y que se va encadenando a base de una sucesión de preguntas y respuestas, como en cascada, con series de nombres como:teja, agua, bueyes, arada, gallinas, huevos, frailes…; o también: teja, agua, bueyes, trigo, pitas huevos, frailes… Tal cascada de nombres, que van apareciendo a base de preguntas y respuestas, constituyen una suerte de 'non sense', pues la fórmula sobrepasa los hilos de la lógica y sentido común.

Es como si nos adentráramos –por servirnos de la analogía– en los territorios de *Alicia en el país de las maravillas*, de Lewis Carroll. Tal fórmula se halla documentada en el folclore, ya en el siglo XIX; aparece, por ejemplo, en *Juegos infantiles de Extremadura* (1884), de Sergio Hernández de Soto.

Otra fórmula llamativa y de la que mostramos no pocas muestras y variantes (núms. 1329-1344) es la relativa a LOS DOMINGOS DE CARNAVAL, CUARESMA, SEMANA SANTA Y PASCUA. Apenas la encontramos documentada, ni en fuentes clásicas ni folclóricas (en estas últimas, sí que aparece en algún caso).

Alude a varios domingos entre el Carnaval y la Pascua: el Domingo Gordo (el de Carnaval), el denominado Rebeca (tercero de Cuaresma), el conocido como Lázaro (quinto de Cuaresma), para derivar en los domingos de Ramos, en que comienza la Semana Santa, y en el de Pascua, en que se cierra y comienza el ciclo primavera. Los de Cuaresma ya nos aparecían en otra fórmula que hemos comentado ("Ana, Badana…").

Enigmáticamente, a lo largo de tales domingos, se nos plantea, en tal fórmula rimada (con matices según las variantes), una acción que se va desarrollando en los sucesivos domingos: se carga la escopeta, se mata con ella un pájaro (tordo), se pela, se mete en sal en una escudilla, se guisa y se almuerza o se cena por la Pascua. ¿Sacrificio e ingestión rituales?

Las letanías de LA SEMANA DE LA ASCENCIÓN, letanías menores, como es sabido (las mayores son las de San Marcos), consistentes en procesiones de rogativa los tres días anteriores a la fiesta, cuentan en algunas áreas de la provincia de León con una fórmula rimada con no pocas variantes (núms.1345-1367), en la que se realiza un repaso a las labores de toda la semana, día por día. Son variantes de un gran interés etnográfico, ya que le toman el pulso a la vida tradicional campesina durante esa especial semana de primavera y nos la documentan.

Lunes, martes y miércoles tiene lugar la celebración de las letanías menores, que se nombran con los términos de "letana", "letania" (con diptongo) y, claro está, "letanía". El jueves, en todas las variantes, se alude a la celebración festiva de la Ascensión. En la labor realizada el viernes, ya nos encontramos varias opciones: "a la escuela", "a concejo", "a Mansilla" (la opción que más aparece), "a paseo","a cendera",o, en fin, "al monte". En la tarea del sábado, se cierra el campo, pues solo aparecen dos alternativas: "al rincón" o "a León" (la absolutamente predominante). Mientras que, en el domingo, nos encontramos con: "los azotes - de Nuestro Señor" (punto de fuga), "golondrón" (fiesta), "todos en procesión", o, curiosísimo, "a pagar la contribución". Aunque, en algunos casos, no aparece el domingo y se remata la fórmula del siguiente modo: "y toda la semana - de procesión".

Sobre estas fórmulas rimadas y las letanías mayores y menores, publicamos, en la *Revista de Folklore* (núm. 484, septiembre de 2022), el trabajo titulado "Letanías y procesiones primaverales en la provincia de León (fórmulas rimadas y refranes)". Analizábamos en él todo lo que es la vida tradicional campesina en tal semana, de un carácter especialísimo, editando un pequeño corpus de fórmulas rimadas que integramos en el conjunto de esta obra. Remitimos a tal trabajo a los interesados en profundizar en este aspecto de las letanías primaverales en los ámbitos rurales leoneses.

Dentro de las ORACIONES TRADICIONALES, la que comienza con el sintagma "Cuatro esquinitas" (núms. 1410-1421), rezada en el momento de acostarse, sobre todo por los niños, pero también por los adultos, es muy popular y conocida, y está bien documentada en los repertorios folclóricos.

Puede tener, en su versión más breve, la estructura métrica de una coplilla con versos pentasilábicos, o adquirir un mayor desarrollo. Los elementos protectores de la persona que duerme en la cama –según la oración– son los ángeles, los evangelistas (tampoco falta San Pedro, a veces), así como también Cristo y la Virgen.

Y ya, por no volver prolija la relación explicativa de cada uno de los tipos de fórmulas que presentan variantes, indicaremos, dentro de las agrupadas dentro de LOS JUEGOS INFANTILES, algunas que tienen especial significación y presencia en las distintas áreas de León, como, por ejemplo, lasque comienzan por "La mano muerta" (núms. 1458-1459); también "–Maragato, pato" (núms. 1460-1463); o "Tostas, tostas" (núms. 1466-1478), con sus variantes cada uno de los tres tipos, dentro de las fórmulas destinadas tanto a entretener a niños muy pequeños, como a jugar tocando las palmitas.

En tal grupo sobre los juegos infantiles, forman series amplias otras tres fórmulas para contar los dedos de la mano, como las de "Cinco lobitos" (núms. 1480-1494), "Este es el dedo meñín" (núms. 1495-1505) y también "Este fue al monte" –o "Este fue a por leña"– (núms. 1506-1542), la que cuenta de entre las tres en nuestro corpus con mayor número de mustras. Todas tres aportan variantes muy curiosas, dándonos algunos datos sobre la vida antigua tradicional campesina (ir al monte, cortar leña, etc.).

Dentro de las fórmulas utilizadaspara sortear en los juegos, forman series con variantes algunas de ellas, como, por ejemplo, "–Pito, pito, -gorgorito" (núms. 1581-1587), "Un gato se cayó a un pozo" (núms. 1599-1602), o también "Una, dola, - tela catola" (núms. 1606-1612).

Tienen no poco interés las fórmulas relativas al encontrarse una cosa, al reclamarnos lo que nos han dado (la muy popular de "Santa Rita, Rita", núms. 1632-1648), o al levantarse de un asiento, todas ellas también pertenecientes al folclore infantil.

Dentro de las relativas al levantarse de un asiento (núms.1649-1673), un grupo muy amplio, hay que notar la deriva localista de la fórmula que editamos, con versos como "El que fue a Mansilla" o "El que fue a León", que expresan una recreación de la fórmula por parte de las gentes, ya que la española más difundida comienza como "El que fue a Sevilla". Y, además, se halla en las leonesas también el particularismo y arcaísmo léxico de sustituir "sillón" por "sentón" (en "perdió el sentón").

En el ámbito de los juegos con los dedos de la mano acompañados por fórmulas rimadas, hemos de llamar la atención también sobre la fórmula de "Pin, pin, - zarramacatín" (núms. 1675 y 1680-1684), bien conocida en la codumentación folclórica, con no pocas variantes en nuestro corpus; así como sobre la de "Pin, pineja, - el rabo la coneja" (núms. 1685-1702), esta última muy conocida y también documentada, como puede advertirse en las notas a pie de página que proporcionamos, y con un amplio número de variantes.

ALGUNOS PROCEDIMIENTOS COMPOSITIVOS Y EXPRESIVOS

Aunque sea meramente como apunte –nos hubiera gustado haberlo podido desarrollar con una cierta amplitud explicativa; pero no es el lugar ni el momento, en una publicación de edición de un corpus recogido y ordenado de etno-textos de este tipo–, queremos indicar algunos de los procedimientos que aparecen, tanto en el ámbito compositivo como en el expresivo, a la hora de articular las fórmulas rimadas.

Uno primero e importante, es el de la invocación. Se invoca, en estas formulillas, a elementos del cosmos y de la naturaleza: al sol, a la luna, a las ramas de los árboles, al caracol, a la cigüeña, a otros animales… Ya que, para el mundo campesino tradicional, así en nuestracultura como en otras, el cosmos y el mundo están animado, tienen vida y alma, de ahí que se les invoque. Por otra parte –según ha estudiado el británico C. M. Bowra (1898-1971) en *El canto primitivo* (1962)–, la invocación es un recurso muy presente en la poesía de lospueblos primitivos, así como en los himnos de muchas religiones.

Un segundo procedimiento que aparece en la composición y estructuración de algunas fórmulas rimadas es el de la enumeración, el ir enumerando, a lo largo de los versos, diversos términos, que, en ocasiones, se van encadenando, mientras que en otras van mostrando una cierta gradación; logrando, a través de tal procedimiento, un clímax poético, a través de ese mecanismo de la sucesión de nombres.

El diálogo es otro de los procedimientos compositivos de algunas fórmulas. Un diálogo que puede ser, por ejemplo, entre semillas y frutos, o entre animales, o entre el ser humano y algunos elementos de la naturaleza con la que convive. Se produce así, a través de este mecanismo, una personificación de diversos elementos de la naturaleza y del mundo, familiares para las gentes del mundo rural, que dota de vida a todo aquell que conoce y con lo que convive.

Otro mecanismo o procedimiento tanto compositivo como expresivo de algunas fórmulas rimadas, relacionado con el diálogo y dentro de él, es el de las preguntas y respuestas. En algunas, toda la fórmula es una sucesión de preguntas y respuestas, que terminan dotándola de una intensidad muy expresiva.

Mientras que un último –entre otros varios, a los que ahora no vamos siquiera a aludir– mecanismo compositivo es el que los ingleses llaman 'non sense', que consiste en articular los versos y las fórmulas a través de palabras, sílabas y términos y sonidos sin sentido alguno ("Apetén, sen, su, -cucu, male, tú"…), para provocar una cierta magia a través de los elementos fónicos del lenguaje; es uno de los procedimientos de lo que el mexicano Alfonso Reyes llama jitanjáforas.

En fin, como un mero apunte y sin querer profundizar más en ello, los indicados son algunos de los procedimientos compositivos y expresivos más utilizados en las fórmulas rimadas que, a lo largo de varios lustros hemos recogido y que ahora editamos.

CODA

Y aquí termina nuestra sucinta introducción o presentación de este corpus de fórmulas rimadas (paraguas bajo el que agrupamos fórmulas propiamente dichas, refranes, paremias, formulillas de algún cuento, así como algunas oraciones tradicionales y populares, etc.), que hemos articulado en torno a cuadro grandes campos.

Tal corpus es una creación tradicional, anónima, colectiva o comunitaria, elaborada a lo largo del tiempo, de los siglos, transmitida de modo oral (en los trabajos, en los momentos de ocio, en los juegos y entretenimientos…) y creada y recreada de continuo, de ahí la presencia tan significativa de las variantes; una creación que se acomoda a las situaciones concretas de la comunidad que las utiliza y que oscila entre lo local y lo universal (no pocas de las fórmulas, de uno u otro modo, son conocidas en toda la Península Ibérica); así como una creación también que ha estado viva y que, en parte, lo sigue estando, en la provincia de León.

A lo largo de varias décadas, desde principios de los años ochenta del siglo pasado y hasta hoy mismo, la hemos ido recogiendo nosotros mismos, en nuestras andanzas y trabajos de campo a lo largo y ancho de toda la provincia leonesa, con paciencia y con constancia. No indicamos los nombres de nuestros informantes (como hacemos siempre, cuando editamos otro tipo de tradiciones orales) por un doble motivo: sería muy prolijo, por una parte, y, por otra, cuando recogemos tradiciones orales de tipo menor –como en este caso– no solemos, por lo general, pedir su identificación a nuestros informantes, anotando meramente el nombre del lugar de recogida, que es el que mostramos bajo cada uno de los etno-textos que editamos.

Unos etno-textos que –según creemos– constituyen un corpus valioso para conocer uno de los aspectos más fascinantes de la tradición en este caso leonesa: la creación y recreación, a través de la palabra, de unas fórmulas que acompañan el existir de toda la comunidad, en sus celebraciones, trabajos, ocios y juegos, y que constituyen vivencias que forman parte de la identidad de nuestro mundo campesino.

Poesía y etnografía se dan la mano en este corpus tradicional de fórmulas rimadas, que puede, por tanto, formar parte tanto de las tradiciones orales como de esa cultura tradicional, de tipo inmaterial en este caso, que crean las gentes campesinas y que expresan su imaginario, su concepción del mundo.

1.

EL COSMOS

EL SOL

EL SOL: LOS MESES, LAS HORAS, LOS SANTOS, LAS COSTUMBRES:

1. En febrero, - entra el sol en todo reguero.

    (Cármenes)

2. A la una sale la luna,
    a las dos sale el sol,
    a las tres sale el tren,
    a las cuatro salen los gatos,
    a las cinco salen los quintos.

    (Para contar los dedos de la mano.)
    (Mansilla de las Mulas)

3. Las Navidades al sol - y las Pascuas al humero,
    para que venga -el año derechero.[1]

    (Matadeón de los Oteros)

4. En San Juan, - bailar el sol verás.

    (Quintanilla de Rueda)

5. San Isidro labrador - quita el agua y pone el sol.

    (Prada de Valdeón)

6. Sol madrugador - y cura callejero,
    ni el sol calentará - ni el cura será bueno.

    (Palacio de Torío)

---

1   "La de navidad al sol, y la florida al tizón." (Hernán Núñez: f. 61 v.).
    "La Navidad al sol, y la de flores al fuego, quies el año derechero." (Hernán Núñez: f. 63 v.)

EL SOL Y LA LUNA:

- *Nombres:*

7. El sol se llama Lorenzo - y la luna, Catalina;
Catalina anda de noche - y Lorenzo anda de día.

(Posada de Valdeón. Prada de Valdeón)

8. El sol se llama Lorenzo - y la luna, Catalina;
cuando Lorenzo se acuesta, - se levanta Catalina.

(Cuadros)

9. –¡Ya baja allí queima-pobres!
(Alusión al sol, cuando, al amanecer, se está en el campo trabajando.)

(Pobladura de Somoza)

- *Diálogo entre ambos:*

10. El sol le dice a la luna: - –Anda, vete a recoger,
que a deshoras de la noche - no anda ninguna mujer.

(Palacio de Torío)

11. El sol le dice a la luna - que se vaya a recoger,
que a deshoras de de noche - no andan mujeres de bien.
Y la luna le contesta - con muchísimo salero:
–Vale más andar de noche - que no abrasar el mundo entero.

(Santa Colomba de Somoza)

12. El sol le dijo a la luna: - –Retírate, bandolera,
la mujer que anda de noche - no puede ser cosa buena.

(Pereda de Ancares)

13. El sol le dijo a la luna: –Retírate, bandolera,
que eso de andar de noche - no es por ser cosa buena.

(Lucillo)

14. Le dice el sol a la luna: –Retírate, bandolera,
que la mujer que anda de noche - nunca busca cosa buena.

(Villanueva de Omaña)

15. Le dijo el sol a la luna: - –Retírate, bancolera;
si tú fueras jornalera,
no madrugarías tanto - ni andarías tan ligera.

(Orallo)

INVOCACIÓN AL SOL, PARA QUE SALGA Y CALIENTE:

● *Mera invocación para que salga:*

16. –Sal, solín; - ven, solín.[2]

(Repetido muchas veces por los niños, como salmodia continua.)
(Morgovejo)

● *Invocación para que salga y caliente por un tiempo determinado y distintas partes del cuerpo:*

17. –Sal, solín, - caliéntame a mí,
que soy pequeñín.

(Villamoros de las Regueras)

18. –Sal, solín, - por un poquitín,
por hoy y por mañana - y por toda la semana.[3]

(Villanueva del Árbol)

19. –Sol, ven por hoy - y por mañana
y por toda la semana.

(Villanueva de Omaña)

---

2 "Lo mismo dicen ahora: *Sal sol, y dame en los ojos, que los tengo cenajosos,* cuando se va el sol entre nublados."
(Caro II: 157)

3 "Sal, sol, solito, y estate aquí un poquito; hoy, y mañana, y toda la semana..." (Correas: 442)
Frenk: nº 2125 A y 2125 B, 1024-1025. Bravo Villasante: 54. Mª Campos: 201.

20. –Calienta, solito, - por un poquitito,
por hoy y por mañana - y por toda la semana.
(Villaverde de Abajo)

21. –Sal, solecito, - calienta un poquito
pa hoy, pa mañana - y pa to la semana.[4]
(Villar del Monte)

22. –Sol, solecito, - caliéntame un poquito
para hoy y para mañana, - para toda la semana.
(Montrondo)

23. –Sol, solito, - calienta un poquito
para hoy, para mañana - y para toda la semana.
(Palacio de Torío)

24. –Sol, solito, - caliéntame un poquito
hoy y mañana - y toda la semana.
(Almanza)

25. –Sal, solico, - caliéntame el focico. [caliéntame el hocico.]
(Lorenzana. San Vicente del Condado)

26. –Sal, solico, - caliéntame el hocico
pa hoy y pa mañana - y pa toda la semana.
(Castrillo de Porma)

27. –Sal, solico, - caliéntame el hocico,
sal de mañana - y caliéntame toda la semana.
(Villanueva del Condado)

28. –Sol, solico, - caliéntame el hocico
pa hoy, pa mañana - y pa toda la semana.
(Santa Olaja de Eslonza. Villacidayo. Villarmún)

---

4 "Sal, sol, y dame en los ojos, que los tengo cegajosos." (Caro II: 157). Frenk: nº 2071 A, 1000.

29. –Sol, solito, - caliéntame el hocico
     pa hoy y pa mañana - y para toda la semana.

(Burgo Ranero)

30. –Sol, solito, - caliéntame un poquito
     pa hoy y pa mañana - y pa toda la semana.

(Villamayor del Condado)

31. –Solín, carralín, - caliéntame el hociquín
     para hoy y pa mañana - y pa toda la semana.

(Villacidayo)

32. –Sal, solito, sal, - caliéntame las manos
     para hoy, para mañana - y para toda la semana.

(Camponaraya)

● *Motivo del dolor:*

33. –Sal, solico, sal, - que me duele un carcañal,
     para hoy, para mañana - y para toda la semana.

(Andiñuela)

● *Motivo de la capa:*

34. –Sal, sol blanco,
     arrodea to este campo,
     por hoy, por mañana
     y por toda la semana;
     por la capa del pastor,
     por la mía y por la tuya,
     por la de Nuestro Señor.

(Valle de Vegacervera)

35. –Sal, sol, - con la capa del pastor,
     con la tuya, con la mía - y con la de Nuestro Señor.

(Olleros de Alba)

36. –Sal, sol, - que te llama mi señor,
     que te quiere dar - una capa de color

que la tiene guardada - en el arca mayor.[5]

(Cuadros)

● *Salida del sol a o por la puerta del corral y promesa de un regalo:*

37.   –Sal, solico, sal - a la puerta el mi corral,
       que te voy a dar un real
       para hoy, para mañana - y para toda la semana.

(Murias de Rechivaldo)

38.   –Sal, solico, sal - a la puerta mi corral,
       que te quiero dar un real
       para hoy, para mañana - y para toda la semana.

(Villaobispo de Otero)

39.   –Sal, solito, sal, - que te tengo que dar un real
       para hoy y para mañana - y para toda la semana.

(San Martín de Torres)

40.   –Sal, solico, sal - por la puerta del corral,
       que te doy un puñadico de sal
       para hoy, para mañana - y para toda la semana.

(Murias de Rechivaldo)

41.   –Sal, solico, sal, - por las puertas del corral,
       que tu padre y tu madre - están comiendo sal.

(Val de San Lorenzo)

42.   –Sal, solito, sal - a la puerta tu corral,
       que te daré un puñadito de sal
       para hoy, para mañana - y para toda la semana.

(Castrillo de los Polvazares)

---

5   "Sal, sol, que te llama mi señor. –¿Qué me quiere? ¿Qué me quiere? –Darte una capa de color. –¿De qué color?
     –De la marca mayor." (Correas: 442).
     Frenk: nº 2147, 1040.

43.   –Sal, solito, sal - para el mi corral,
te tengo dar un real
para hoy, para mañana - y para toda la semana.
(Herreros de Jamuz)

● *Promesa de donación de un alimento si sale:*

44.   –Sal, solito, - que te damos un bollito
para hoy, para mañana - y pa toda la semana.
(Torneros de la Valdería)

45.   –Sal, solico, sal, - que te doy un puñadín de sal
pa hoy y pa mañana - y pa to la semana.
(Lagunas de Somoza)

● *Promesa de donación de un real si sale:*

46.   –Sal, solín, - que te doy un realín.
(Villaquilambre)

47.   –Sal, solico, sal, - que te hemos de dar un real,
a las monjas del gordón - que te digan la oración,
la oración del peregrino - cuando Jesucristo vino.
(Lucillo)

48.   –Sal, solico, sal, - que te tengo dar un real,
para hoy y pa mañana - y para toda la semana.
(Turcia)

49.   –Sal, solico, sal, - que te tengo cue dar un real
para hoy, para mañana - y para toda la semana.
(Moscas del Páramo)

50.   –Sal, solico, sal, - que te tengo car un real
para hoy, para mañana - y para toda la semana.
(Villamejil)

51.   –Sal, solico, sal, - que te tengo dar un real
por hoy y por mañana - y por toda la semana.

(Villanueva de Jamuz)

52.   –Sal, solico, sal, - que te voy a dar un real
para hoy, para mañana - y para toda la semana.

(Fontoria)

53.   –Sal, solito, sal, - que te quiero dar un real
para hoy, para mañana - y para toda la semana.

(Ábano. Castrocontrigo)

54.   –Sal, solito, sal, - que te vo a dar un real
para hoy, para mañana - y para toda la semana.

(Magaz de Cepeda)

LA LUNA

LA LUNA Y LA METEOROLOGÍA:

55.   Cuando tiene corral la luna - a los tres días laguna.[6]

(Villacidayo)

56.   La luna de octubre - siete descubre.

(Pobladura de Somoza)

57.   Si la luna no tuviera - en el medio un león,
alumbraría más que el día - y calentaría más que el sol.

(Castrovega de Valmadrigal)

---

6   "Cerco del sol, moja pastor; cerco de la luna, pastor enjuga." (Correas: 112).
"Cerco en la luna, agua en la laguna." (Correas: 112)

INVOCACIONES A LA LUNA:

58.   –Luna, lunera, - cascabelera.

(Cospedal)

59.   –Luna, lunera, - cascabelera,
debajo de la cama - tienes la cena.[7]

(Boisán. Castrillo de los Polvazares. Huerga de Frailes. Millaró. Montrondo. Pobladura de Pelayo García, San Martín de Torres. Tabuyo del Monte. Villasecino)

60.   –Luna, lunera, - cascabelera,
debajo la cama - tienes la cena.

(Ábano. Cea. Ferreras. Morgovejo. Pereda de Ancares. Puente Almuey. Quintana del Castillo. San Vicente del Condado. Santa Colomba de Somoza. Valle de Vegacervera. Villamejil. Villanueva del Árbol. Villaobispo de las Regueras. Villarmún. Villaturiel. Villaverde de Abajo)

61.   –Luna, lunera, - cascabelera,
debajo la cama - tienes tu cena.

(Senra)

62.   –Luna, lunera, - cascabelera,
debajo tu cama - tienes la cena.

(Palacio de Torío)

63.   –Luna, lunita, - luna, lunera,
debajo la cama - tienes la cena.

(Villafeliz de Babia)

64.   –Luna, lunera, - cascabelera,
debajo la cama - tengo la cena.

(Villamoros de las Regueras)

---

7   P. Morán (1924): 40.

65. –Luna, lunera, - cascabelera,
cinco pollitos - y una ternera.[8]

(Santibáñez de Porma. Torneros de la Valdería. Valtuille de Arriba. Villanueva de Omaña)

66. –Luna, lunera, - cascabelera,
debajo de la cama - tienes la cena:
cinco pollitos - y una ternera.

(Lagunas de Somoza. Paradiña. Pobladura de Somoza. Villamayor del Condado)

67. –Luna, lunera, - cascabelera,
debajo la cama - tienes la cena,
cinco pollitos - y una ternera.

(Villaobispo de Otero)

68. –Luna, lunera, - cascabelera,
debajo la cama - tienes la cena.
Luna, lunera, - cascabelera,
cinco pollitos - y una ternera.[9]

(Villacidayo)

69. –Luna, lunera, - cascabalera,
debajo la cama - tienes la cena,
dos cuchinillos - y una ternera.

(Santiago Millas)

70. –Luna, lunera, - cascabelera,
debajo la cama - tienes la cena:
cuatro cerditos - y una ternera.

(Cerezales del Condado)

71. –Luna, lunera, - cascabelera,
casca los huevos - en una cazuela.

(Santa Colomba de la Vega)

---

8   Rodríguez Marín I: n° 113, 78.

9   Mª Campos: 202.

72. –Luna, lunera, - cascabelera,
casca los güevos - en una tartera.

(Olleros de Alba)

73. –Luna, lunera, - cascabelera,
coge un cacho pan - y vete a la escuela.

(Truébano de Babia)

74. Luna, lunera, - cascabelera,
toma un ochavo - para canela.

(Santibáñez de Porma)

75. –Luna, lunera, - cascabelera,
dile a mi amorcito, - por Dios, que me quiera;
dile que me quiera, - que tenga compasión,
dile que se apiade - de mi corazón.

(Murias de Rechivaldo)

76. –Luna, lunera, - cascabelera,
dile a mi chiquito, - por Dios, que me quiera.

(San Vicente del Condado)

77. –Sal, luna, sal, - que te tengo dar un real
para hoy y pa mañana - y para toda la semana.

(Turcia)

EL CERCO DE LA LUNA, PRESAGIO DE LLUVIA:

78. Esta noche va a llover, - que tiene cerco la luna[10],
las estrellas me lo dicen - y el cielo me lo asegura.

(Santa Colomba de Somoza)

---

10 "Cerco de luna, nunca hinche laguna: cerco del sol, moja el pastor. / De otra manera. Cerco del sol, moja al pastor: quel de laluna, ese le enxuga. Otros dizen. El cerco en la luna, agua en laguna." (Hernán Núñez: f. 24 r.)

LAS ESTRELLAS

79. Cuando las estrellas - van por el Cuartero
salen las mozas - del filandero.

(*Cuartero*: Paraje del término de esta localidad.)
(Vega de Caballeros)

80. Cuando salen las Tres Marías - por el Trechuelo,
salen las mozas - del hilandero.

(*Trechuelo*: Monte del término de esta localidad.)
(Huergas de Gordón)

81. Cuando las mozas - salen del hilandero,
van las Tres Marías - por el Calero.

(Valsemana)

82. Después de Navidad, - las Tres Marías no dicen verdad.

(Herreros de Jamuz)

83. Una estrellita en la frente - lleva mi mula,
hasta los animales - llevan fortuna.

(Sésamo)

EL TIEMPO ATMOSFÉRICO

FECUNDIDAD:

84. A buen tiempo, - cañas verdes.

(Villacidayo)

CABAÑUELAS:

85.   El dos de diciembre - Santa Bibiana;
si llueve ese día, - cuarenta días y una semana.
(Matadeón de los Oteros)

86.   Si llueve el veintisiete
y el veintiocho se lo consiente,
todo el mes siguiente llueve.
(Pobladura de Somoza)

INDICIOS METEOROLÓGICOS:

87.   Cielo empedrado, - suelo mojado.
(Valtuille de Arriba)

88.   Cuando canta el relinchón, - o llueve o hace frío o calienta el sol.
(Villacidayo)

89.   Cuando el sol recata, - buen día cata.
(*Recatar*: Acción consistente en que el sol, «al meterse, abría los ojos».)
(Riaño)

90.   Cuando el sol rescata, - buen día cata.
(Matadeón de los Oteros)

91.   Cuando el sol se recata, - buen día cata.
(Cubillas de Rueda. Garfín. Villacidayo)

92.   Helar y nublar, - llover o nevar.
(Herreros de Rueda. Quintanilla de Rueda)

93.   La mañana fresca, - buen día de siesta.
(Santa María del Condado)

94.   Nublao pa León, - más pa agua que pa sol.
(Cuadros)

LOS ARREBOLES COMO INDICIOS METEOROLÓGICOS:

● *En general:*

95.   El sol de rebolada, - buen día de madrugada.

(Santibáñez del Bernesga)

● *Arreboles de mañana y de tarde:*

96.   Relumbrera al amanecer, - agua al anochecer.[11]

(Matadeón de los Oteros)

97.   Rubianza de mañana, - pa sol o pa agua;
rubianza de tarde, - pa sol o pa aire.[12]

(Villacidayo)

98.   Rubianza de mañana, - sol o agua.
Rubianza de tarde, - sol o aire.

(Cubillas de Rueda)

99.   Rubianza por la tarde, - la mañana, sol y aire.[13]

(Villacidayo)

● *Arreboles a naciente y poniente:*

100.   Arrebolada a poniente, - sol al día siguiente;
arrebolada a saliente, - agua al día siguiente.

(Riaño)

---

11   "Arreboles de mañana, a la tarde agua." (Correas: 66)

12   "Arreboles de la mañana, a la noche son con agua: y arreboles de la noche, a la mañana son con sole" (Hernán Núñez: f. 13 v.).
"A la noche arreboles, a la mañana habrá soles." (Correas: 22).
"Arreboles, mañanas son con flores" (Covarrubias: 150).
Frenk: núms. 1124 A, 1124 B, 1124 C y 1124 D, 537-538.

13   "A la noche arreboles, a la mañana habrá soles." (Correas: 22).
"Arreboles de la tarde, a la mañana sol hace." (Correas: 66)

101.	Encarnao para el naciente, - agua al día siguiente.

(Igüeña)

102.	Rubianza pal poniente, - agua de repente.

(San Bartolomé de Rueda)

● *Arreboles localizados en el espacio:*

103.	Cuando está encarnao pa las Babias, - más pa sol que pa agua.

(Cuadros)

104.	El sol rojo pa la Babia,
más pa sol que pa agua;
cuando rojo pa León,
más pa agua que pa sol.

(Cuadros)

105.	Encarnao pa La Baña, - sol pa mañana;
encarnao pal naciente, - agua pal día siguiente.[14]

(Corporales)

106.	Rubias pa La Baña, - sol pa mañana;
rubias pal poniente, - agua pal día siguiente.

(Quintanilla de Losada)

107.	Rubianas pa arriba, - sol que rechina;
rubianas pa abajo, - agua a trompazo.

(Villar del Monte)

---

14 "Arreboles al oriente, agua amanesciente." (Herrán Núñez f. 14 r.)

EL AIRE, EL VIENTO

EL AIRE SOLANO:

108. Aire solano, - agua en la mano.[15]

(Garfín)

109. Aire solano, - el agua en la mano;
en invierno, - pero no en verano.[16]

(Villacidayo)

110. Aire solano, - el agua en la mano,
en invierno, - que no en verano.

(Villanófar)

AIRE DE ARRIBA, AIRE DE ABAJO:

111. Cuando el aire vien de arriba, - los pastores buena vida.
Cuando el aire vien de abajo, - los pastores buen trabajo.

(Calamocos)

112. Cuando el aire viene de abajo, - obreros a su trabajo.
Cuando el aire viene de arriba, - obreros a la cocina.

(Villaobispo de las Regueras)

113. Cuando el viento pica pa abajo, - labradores al trabajo;
cuando el viento pica pa arriba, - labradores a la cocina.

(Quintana del Castillo)

15　"Cuando solano llueve, las piedras mueve." (Correas: 140)

16　"Solano, malo de invierno, peor de verano." (Hernán Núñez: f. 122 r.)

ANALOGÍAS:

114. Falta antes el hijo al padre
que el agua al aire.

(Orallo)

ASPECTOS MORALES:

115. Del saliente, - ni aire ni gente.

(Cubillas de Rueda)

116. Moza ventanera, - cura callejero - y aire burgalés,
Dios me libre - de to los tres.[17]

(*Aire burgalés*: El que sopla del este.)
(Carbajal de Rueda)

LAS NUBES, LA NIEBLA, EL NUBLADO

LA DIRECCIÓN DE LAS NUBES, NUBLADOS, NIEBLAS:

● *Nubes:*

117. Cuando as nubes van pa Fornela, - agua na terra;
y cuando van pa Burbia, - sol que retumba.

(Candín. Pereda de Ancares)

118. Cuando las nubes van pa arriba, - deja la capa y a la cocina;
y cuando van para abajo, - coge la capa y vete al trabajo.

(Santa María del Condado)

---

17 "Amigo burgalés, y zapato de baldrés, y caballo de andadura, poco dura." (Hernán Núñez: f. 10)
"Moza ventanera, o puta o pedera." (Hernán Núñez: f. 78 r.)

119. Cuando las nubes van pa arriba, - obreros a la cocina.
Cuando las nubes van pa abajo, - obreros al trabajo.

(Santibáñez del Bernesga)

120. Si las nubes van para abajo, - labradores, al trabajo.
Si las nubes van para arriba, - labradores, a la cocina.

(Villacidayo)

● *Nublados:*

121. Cuando los nublaos van para abajo, - los hombres para el trabajo.
Cuando los nublaos van para arriba, - los hombres en la cocina.

(Ruiforco de Torío)

122. Nublaos pa abajo, - gallegos al trabajo;
nublaos pa arriba, - gallegos a la cocina.

(Villasecino)

123. Nublaos pa abajo, - hombres al trabajo;
nublaos pa arriba, - hombres a la cocina.

(Valderilla de Torío)

124. Nublaos pa abajo, - labradores al trabajo;
nublaos pa arriba, - labradores a la cocina.

(Villacidayo)

125. Nublaos pa abajo, - obreros al trabajo;
nublaos pa arriba, - obreros a la cocina.

(Olleros de Alba)

126. Nublaos pa arriba, - gente pa la cocina;
nublaos pa abajo, - gente al trabajo.

(Cuadros)

127. Nublaos pa arriba, - los hombres a la cocina;
nublaos pa abajo, - los hombres al trabajo.

(Villaverde de Arriba)

128. Si los nublaos pa abajo, - al trabajo.
Si los nublaos pa arriba, - a la cocina.

(Villanueva del Árbol)

● *Nieblas:*

129. Año de neblinas,
año de harinas.

(Fontecha del Páramo)

130. Cuando las nieblas van pa abajo, - labradores al trabajo;
cuando las nieblas van pa arriba, - labradores a la cocina.

(Ábano)

131. Cuando las nieblas van pa arriba, - labradores a la cocina;
cuando las nieblas van pa abajo, - labradores al trabajo.

(Saelices del Payuelo)

132. Si la niebla va pa arriba, - labradores a la cocina.
Si la niebla va pa abajo, - labradores al trabajo.

(Las Grañeras)

OTROS:

133. Nieblas en marzo, - heladas en mayo.

(Matadeón de los Oteros)

LA LLUVIA

LA LLUVIA, SUJETA A DIOS:

134.   Cuando Dios quiere - a tos los aires llueve.[18]
(Villacidayo)

135.   Si Dios quiere, - con todos los aires llueve.
(Villacidayo)

INDICIOS DE LLUVIA:

136.   Cielo empedrao, - suelo mojao.
(Boisán. Huerga de Frailes. Villacidayo)

137.   Cuando la mirla canta - y el nublao viene
no hay mejor seña - que cuando llueve.
(Gradefes)

138.   Cuando la perdiz canta - y sus alas tiende
no hay mejor señal de agua - que cuando llueve.
(Cubillas de Rueda. Quintanilla de Rueda)

139.   Helada sobre mojada, - agua y más agua.
(Villacidayo)

140.   Si esta noche no llueve, - no llueve ninguna;
porque esta noche llueve, - que tiene cerco la luna.
(Herreros de Rueda)

---

18   «Cuando Dios quiere, con todos vientos llueve.» (Hernán Núñez: f. 99 vto.).
"Cuando Dios quiere, en sereno llueve." (Hernán Núñez: f.103 r.).
«Cuando Dios quiere, con todos los vientos llueve.» (Correas: 133)

LA LLUVIA EN LAS DISTINTAS ÉPOCAS DEL AÑO:

141. En tiempo mojado, - se para el arado.
(Matadeón de los Oteros)

142. Agua en enero, - cada gota un dinero.
(Matadeón de los Oteros)

143. El agua de marzo, - peor que la mancha caída en el paño.
(Villar del Monte)

144. Abril que sale lloviendo - a mayo llama riendo.
(Matadeón de los Oteros)

145. En abril, aguas mil, - al entrar pero no al salir.
(Villar del Monte)

146. En abril, aguas mil, - al entrar y no al salir.
(Huergas de Gordón. Montrondo. Orallo)

147. El agua entre abril y mayo - vale más que los bueis, yugo y carro.
(Villar del Monte)

148. Si llueve el día la Trinidad, - cuarenta días de lluvia más.
(Mansilla del Páramo)

149. Si en septiembre ves llover, - el otoño seguro es.
(Matadeón de los Oteros)

LA LLUVIA DE LA ASCENSIÓN:

150. Si llueve el día de la Ascensión, - cuarenta días seguidos son.
(Olleros de Alba)

151. Si llueve el día de la Ascensión, - cuarenta días seguidos son, uno sí y uno no.
(Felmín)

152. Si llueve el día la Ascensión - cuarenta días seguros son.

(San Bartolomé de Rueda. Villafruela del Condado)

153. Si llueve el día de la Ascensión, - cuarenta días seguros son,
uno sí y otro no.

(Millaró)

154. Si llueve por la Ascensión, - cuarenta días con sus noches son,
unos sí y otros no.

(Riaño)

LA LLUVIA DE SAN JUAN:

155. El agua de San Juan - quita vino y no da pan.[19]

(Valdespino de Somoza)

CUANDO LLUEVE Y HACE SOL (O FRÍO):

156. Cuando llueve y hace frío - canta el perro y el manío.
Cuando llueve y hace sol - canta el perro y el pastor.

(Burgo Ranero)

157. Cuando llueve y hace sol, - baila el perro y el pastor.[20]

(Bercianos del Real Camino. Truébano de Babia. Villasecino)

158. Cuando llueve y hace sol - baila el perro y el pastor.
Cuando llueve y hace frío - andan los dos arrecidos.

(Garrafe de Torío. Ruiforco de Torío. Valderilla de Torío)

---

19 Frenk: núms. 1127 A 1127 B y 1127 C, 539.

20 "Cuando llueve y hace sol, alegre está el pastor. / Porque con las dos cosas, nasce mucha yerba." (Hernán
Núñez: f. 100 r.) "Cuando llueve, o hace sol, deja el perro a su pastor." (Hernán Núñez: f. 101 v.).
Correas: 139. P. Morán (1924): 26.

159. Cuando llueve y hace sol - baila el perro y el pastor.
Cuando llueve y hace frío - baila el perro y aquel tío.

(Villarmún. Villaverde de Abajo)

160. Cuando llueve y hace sol - baila el perro y el pastor.
Cuando llueve y hace frío - baila el perro y el judío.[21]

(Cuadros. Herreros de Rueda. Mansilla de las Mulas. Palacio de Torío. Saelices del Payuelo.
Villaobispo de las Regueras. Villarmún)

161. Cuando llueve y hace sol - baila el perro y el pastor;
cuando llueve y hace frío - baila el perro y el manío.

(Castrovega de Valmadrigal)

162. Cuando llueve y hace sol - baila el perro y el pastor;
cuando llueve y hace frío - baila el perro y el rocío.

(Villanueva del Árbol)

163. Cuando llueve y hace sol - baila el perro y el pastor;
cuando llueve y hace frío - baila el perro y el vacío.

(*Vacío*: Ovejas que no están preñadas)
(Villacidayo. Villamoros de las Regueras Villanófar)

164. Cuando llueve y hace sol - baila el perro y el pastor;
cuando llueve y hace frío - baila el perro y llora el tío.

(Santibáñez del Bernesga)

165. Cuando llueve y hace sol - baila el perro y el pastor;
cuando llueve y hace frío - los dos andan arrecidos.

(Palacio de Torío)

---

21 "Cuando llueve y hace sol, deja el perro a su pastor, o cuando llueve o hace sol. / Por irse a la quesería a lamer
los sueros, que es el tiempo de esquilmo por abril y mayo, y por guardarse del agua, y por irse a la sombra."
(Correas: 139).
J. Díaz: 113.

PETICIONES DE LLUVIA:

166. –Agua, Dios,[22] - y vino en bota,
y a mí que no me toque - ni una gota.

(Villacidayo)

167. –Agua, San Marcos, - rey de los charcos,
para mi triguito, - que ya está bonito;
para mi cebada, - que ya está granada;
para mi melón, - que ya tiene flor;
para mi sandía, - que ya está florida;
para mi aceituna, - que ya tiene una.[23]

(Villanueva de Jamuz)

168. –Que llueva, que llueva,
la Virgen de la Cueva,
los pajaritos cantan,
las nubes se levantan,
que sí, que no,
que caiga un chaparrón
con azúcar y turrón.[24]

(Villacidayo)

OTROS:

169. Agua de mañana, - concejo de tarde,
to se vuelve aire.

(Mansilla del Páramo)

170. Chove que te chove, - maniza de palla,
cuando o cura baila - ¡qué fará a ama!

(Pobladura de Somoza)

---

22 "Agua, Dios, que ruin se moja; y caíale encima de la boca." (Correas: 16)

23 Rodríguez Marín I: nº 110, 78.

24 J. Díaz: 117.

171. Hoy hace un día aguilucho,
lo mismo llueve poco, - que mucho o nada,
o se queda como estaba.

(La Bañeza)

LA HELADA

172. La helada de Santa Rita - que to lo quita.

(Carbajal de Rueda)

173. La helada de Santa Rita, - que todo lo quita.
Y la de San Urbán - quita vino y no da pan.

(Villarmún)

174. Santa Rita - igual te lo da que te lo quita.

(Alude a las heladas, que malogran los frutos y sembrados.)
(Morgovejo)

175. La rana que canta en marzo, - en abril se la hiela el rabo.

(Villacidayo)

176. La rana que en marzo cantó - en abril y mayo el rabo se la heló.

(Villacidayo)

177. Nieblas en marzo, - heladas en mayo.

(Morgovejo)

178. Primero falta la madre al hijo - que la helada al granizo.

(Carbajal de Rueda. Gradefes)

LA NIEVE

LA BONDAD DE LA NIEVE:

179. Año de nieves, - año de bienes.[25]
(Posada de Valdeón)

180. Buena es la nieve - que a su tiempo viene.[26]
(Matadeón de los Oteros)

INDICIOS DE NIEVE:

181. Blandura en enero, - nieve al bragadero.
(Villacidayo)

182. Helar y nublar, - señal de nevar.
(Orallo)

183. La coronica rasa, - la nieve en casa.
(*Coronica rasa*: «Claro redondo de estrellas».)
(Riaño)

184. Primero falta la madre al hijo - que la nieve al granizo.
(Cármenes)

LA NIEVE EN EL CALENDARIO:

185. La blandura de diciembre y enero, - la nieve al bragadero.
(Cármenes)

---

25 Hernán Núñez: f. 11 r. Covarrubias: 128.

26 Hernán Núñez: f. 20 v.

186. La nieve en enero, - todo el año hay tempero.[27]

(Matadeón de los Oteros)

187. La nieve por enero
llena tu granero.

(Mansilla de las Mulas)

188. Por San Blas, - cigüeñas verás
y, si no las ves, - señas de nieve es.

(Castrocalbón)

189. El día To los Santos, - la nieve por los campos;
el día de San Martino, - la nieve por los caminos;
el día San Andrés, - a la puerta la tendrés.

(Quintanilla de Losada)

190. El día Todos los Santos, - la nieve por los altos;
el día San Martino, - la nieve por el camino;
y el día San Andrés, - a la puerta la veréis.

(Felmín)

191. En los Santos, la nieve por los altos;
en San Martino, por los caminos;
en San Andrés, a la puerta la tendrés.

(Villafruela del Condado)

192. En To los Santos, - la nieve por los altos;
en San Andrés, - a la puerta la veré.

(Olleros de Alba)

193. Por los Santos, - la nieve en los campos.

(Valtuille de Arriba)

194. Por los Santos, - la nieve por los altos.

(Villaverde de Arriba)

---

27 "Neve en Hebrero, hasta la hoz el tempero." (Hernán Núñez: f. 80 v.)

195.   Por los Santos, - la nieve entre los cantos.
(Mansilla del Páramo)

196.   Por los Santos, - la nieve por los altos;
por San Andrés, - a la puerta la veréis.
(Villar del Monte)

197.   Por los Santos, la nieve por los altos.
Y por San Andrés, la nieve por los pies.
(Cerezales del Condado)

198.   Por los Santos, - la nieve por los altos;
por San Martino, - la nieve pol camino;
por San Andrés, - a la puerta la tendrés.
(Corporales)

199.   Por San Andrés, - la nieve por los pies.
(Garfín)

200.   Por San Andrés, - nevadicas tres.
(Torneros de la Valdería)

201.   Por San Martino, - la nieve por los caminos.
(Garfín)

202.   Por Santa Catalina, - la nieve en la cocina.
(Morgovejo)

203.   Por Santa Teresa, - las nieves traen agua a las presas.
(Palanquinos)

LA TORMENTA

204.   Santa Brígida y san tormentero, - el primero de febrero.
(Torneros de Bernesga)

CONJUROS CONTRA LA TORMENTA:

205. –Tente, nube, tente tú,
que Dios puede más que tú.

(La Garandilla. Herreros de Jamuz. Oteros de Alba. Santibáñez de Rueda. Villacidayo. Villamoros de las Regueras. Villarmún)

206. –Tente, nube, - tente tú,
que más puede - Dios que tú.

(Información recogida en Villafruela del Condado, para contextualizar esta fórmula rimada: "En la festividad de Santa Eugenia, celebrada el 31 de enero –este pueblo contó en el pasado con una Cofradía de Santa Eugenia, ya hace mucho tiempo desaparecida–, se tocaba a "tente, nube", como prevención contra futuras tormentas del inmediato verano.")
(Prioro. Saelices del Payuelo. Villafruela del Condado)

207. –Téntere, nube, - téntere tú,
que Dios puede - más que tú.

(Castrovega de Valmadrigal)

208. –Detente, truena, - detente tú,
que Dios puede - más que tú.

(Magaz de Cepeda. Quintana del Castillo)

209. –Detente, truena, - detente tú,
que más puede - Dios que tú.

(Ábano)

210. –Tente, truena, - tente tú,
que hay quien pueda - más que tú.

(Castrillo de los Polvazares)

211. –Tente, truena, - tente tú,
que puede más - Dios que tú.

(Quintana del Castillo)

EL ARCO IRIS

PRONÓSTICOS DEL TIEMPO:

212. Arco, arcuelo, - ni mal tiempo ni bueno.
(Murias de Paredes)

213. Tiempo vario, - ni bueno ni malo.
(Se dice cuando sale el arco iris)
(Calamocos)

214. [Arco da vella:]
Tiempo serrano, - ni bueno ni malo.
(Espinareda de Ancares. Pereda de Ancares)

215. Cuando sale l´arco da vella, - chove, e aneva e a fai carambela.
(*Carambela*: Helada.)
(Candín)

216. Cuando el arco iris se deja ver, - señal que ha llovido y vuelve a llover.
(Riaño)

217. Cuando el arco se da a ver, - ha llovido o va a llover.
(Saelices del Payuelo)

218. Cuando el arco iris se da a ver - ha llovido o va a llover.
(Burgo Ranero)

219. Cuando el arco iris se da a ver - o ha llovido o va a llover.
(Garrafe de Torío)

220. Cuando el arco iris se da a ver, - si no ha llovido, va a llover.
(Urdiales del Páramo)

221. Cuando el arco iris se ve - señas es o que ha llovido o va a llover.
(San Bartolomé de Rueda)

222. Cuando llueve y hace sol, - sale el arco del Señor.

(Huergas de Gordón. Reyero)

223. Cuando llueve y hace sol - sale el arco del Señor.
Cuando llueve y hace frío, - sale el arco del judío.

(Morgovejo. Prioro)

224. Lluvia de arco - no llena charco;
pero, si se pone, - no se ve harto.

(Matallana de Valmadrigal)

CREENCIA: EL ARCO IRIS BEBE EN RÍOS Y CHARCOS:

225. Cuando el arco bebe, - agua llueve.

(Robledo de Babia)

226. Cuando el arco iris - baja a beber
es que ha llovido - o es que va a llover.

(Carbajal de Rueda)

227. Cuando el arco iris - baja a beber
o ha llovido - o va a llover.

(Cubillas de Rueda)

228. Cuando llueve - el arco de Dios bebe.

(Reyero)

229. Cuando llueve y hace sol - bebe el arco del Señor.

(Reyero)

230. Cuando sale el arco a beber - o ha llovido o va a llover.

(San Bartolomé de Rueda)

OTROS:

231. Agua de arco - no llena el charco.

(Castrovega de Valmadrigal)

232. Cuando el arco iris está *pa* arriba, - los pastores buena vida.
Cuando el arco iris está *pa* abajo, - agua a trompazo.

(Villalís de la Valduerna)

2.

LA NATURALEZA

EL AGUA

233. Agua corriente - no mata a la gente.

(Valtuille de Arriba)

234. Agua junta - riega prado.

(Villacidayo)

AL BEBER AGUA EN EL CAMPO, POR SI ES DAÑINA

235. Aclara, agua, - que viene la Virgen por agua.

(La informante lo repite tres veces y traza tres cruces)
(Villarmeriel)

236. Agua bendita, - no me hagas daño,
que Jesucristo la bebió - y tampoco le hizo daño.

(Quintana de Rueda)

237. Por aquí pasa Dios, - por aquí la Virgen,
si esta agua es venenosa, - que la vomite.

(Valderilla de Torío)

238. Por aquí pasa Dios, - por aquí la Virgen;
si este [-a] agua está mala, - que la vomite.

(Riaño. Villanueva del Condado)

239. Por aquí pasó Dios, - por aquí la Virgen;
si esta agua está mala, - que la *gomite*.

(Valdespino de Somoza)

240. Por aquí pasó Dios, - por aquí la Virgen;
si este agua está mala - que no me pase nada.

(Castrillo de los Polvazares)

241. Por aquí pasó Dios, - por aquí la Virgen;
si esta agua tiene veneno, - que la vomite.

(Geras)

242. Por aquí pasó Dios, - por aquí la Virgen,
si tiene veneno, - que se le quite.

(Echaban unas migas de pan en el agua y recitaban la fórmula.)
(Santa Colomba de Somoza)

243. Por aquí pasó Dios, - por aquí pasó la Virgen,
si esta agua tiene veneno - que se lo quite.

(Quintana del Castillo)

244. Por aquí pasó Dios - y por aquí la Virgen;
si este agua tiene veneno,
de tres soplones - que se le quite.

(Huergas de Gordón)

245. Por aquí pasó Dios, - por aquí volvió a pasare;
si esta agua tiene veneno, - que me la haga vomitare.

(Geras)

246. Yo te bendigo - en el nombre del Padre y del Hijo.
(Bendición al agua en el campo, cuando se va a beber.)

(Valdespino de Somoza)

LAS PLANTAS. LAS SEMILLAS. LOS FRUTOS

247. [Diálogo entre el centeno y la linaza. Comienza el primero y responde la
segunda.]
–¡Anda, mala semilla,
que a los cuatro días
ya estás nacida!
–¡Anda, gorrión,
que eres capaz de estar
un año metido
debajo el terrón.

(Villar del Monte)

248. [Diálogo entre la nabina y el garbanzo. Comienza la primera y responde el segundo.]
–Anda, pollo guarón,
que estás un mes
debajo el terrón.
–Anda, listina, listina,
que a los tres días
ya estás nacida.

(Herreros de Jamuz)

249. [Le dice la linaza al trigo:]
–Ay, tontón, tontón,
nueve días debajo del terrón
y yo, como María Cristina,
a los tres días nacidina.

(Chana de Somoza)
["Eso se lo decía el trigo a la linaza; a la linaza, porque nace luego. Eso se lo decían uno al otro:"]

250. –¡Ay, torrontontón,
nueve meses debajo el terrón.
–Ay, torrontontina,
a los ocho días ya estás nacida.

(Santiago Millas)

251. [Diálogo entre el trigo y la nabina. Comienza el primero y responde la segunda.]
–Cállate tú, chicharrina,
que aún no te han sembrado
y ya estás nacida.
–Cállate tú, chicharrón,
que estás nueve meses
debajo el terrón.

(Torneros de la Valdería)

252. [Diálogo entre la judía y el garbanzo. Comienza la primera y responde el segundo.]
–Garbanzo, morrión,
que estás un mes

debajo del terrón.
–Anda tú, perra salida,
que a los ocho días
ya estás nacida.

(Pobladura de Somoza)

253. –Linacina, linacina,
a los tres días ya estás nacida.
–Y tú, morongullón,
¡que estuviste un mes debajo el terrón!

(Diálogo entre las semillas del garbanzo y de la linaza.)
(Santa Colomba de Somoza)

254. [Diálogo entre la berza y el nabo. Comienza la primera y responde el segundo.]
–Nabo turrión,
que tas tol año
debajo de un terrón.
-Calla tú, espabila,
que aún no te semientan
y estás nacida.

(Pereda de Ancares)

255. Me llamaste pera podre
y tú, manzana podrida.
La pera podre se come
y la manzana se tira.[28]

(Cerezales del Condado)

256. Me llamaste pera podre,
yo a ti manzana podrida.
La pera podre se come
y la manzana se tira.

(Millaró)

---

28 «Como la manzana, de dentro podrida, de fuera sana.» (Correas: 119)

257. Me llamastes pera podre,
yo a ti, manzana podrida.
La pera podre se come
y la manzana se tira.

(Cuadros)

258. [Diálogo entre la manzana y la pera.]
–¿Qué haces ahí, pera podre?
–¿Y tú, manzana podrida?
La pera podre se come
y la manzana se tira.

(Santa María del Condado)

259. [Le dice un grano de maíz a otro, cuando están sembrados muy juntos:]
–O panojas tú
o panojo yo.

(Prada de Valdeón)

260. Un grano solo no hace granero,
pero ayuda al compañero.

(Castrocontrigo)

LOS CEREALES

DIÁLOGO ENTRE VARIOS TIPOS DE GRANOS:

261. [Le dice el centeno a la cebada:]
–Anda, cebada,
que no sales del zurronín
y ya estás granada.
[A lo que la cebada le contesta:]
–Calla tú, centeno,
zancas largas,
que mucho te creces

y poco te granas.[29]

(Palacio de Torío)

LA ARADA, LA SIEMBRA, LA SIEGA:

262. Ara blando o ara duro, - pero no beses al suegro en el culo.

(Valduvieco)

263. Ara blando y ara duro - y no beses a tu suegro en el culo.

(Valderilla de Torío)

264. Arar en polvo - y sembrar en lodo.[30]

(Villasecino)

265. El centeno en polvo - y el trigo en grollo.[31]

(Porque el centeno se siembra en septiembre, cuando está la tierra seca; y el trigo, en otoño, cuando ha llovido y se halla la tierra húmeda.)

(Villanueva de Carrizo)

---

29   "Anda meolludo, que en tus menguas bien te ayudo. / Deshonran se el trigo y el centeno. De otra manera se dice este refrán. [...] Zancas vanas, zancas vanas, temprano espigas, y tarde granas. Calla calla rodilludo, que a do tu faltas, yo cumplo." (Hernán Núñez: f. 11 vto.)

"Zanca vana, zanca vana, temprano espiga, y tarde grana. / Del centeno." (Hernán Núñez: f. 23 r.)

"Centeno de zancas vanas, mucho cresces, y tarde granas." (Hernán Núñez: f. 24 v.)

"Anda, meolludo, que en tus menguas bien te ayudo. / Dícese adelante de otras maneras: "Calla, zanquivano, que en el año bueno no vales un grano"; "Calla, meolludo, que en el malo bien te ayudo" ... habla el trigo y responde el centeno." (Correas: 48, 102, 112)

"Anda, zanquivano, presto en la espiga y tardo en el grano." (Correas: 50)

"Gloria vana, floresce y no grana." (Hernán Núñez: f. 54 r.) (Correas: 223)

"Zancas vanas, zancas vanas, temprano espigas y tarde granas. −Calla, calla, rodilludo, que a do tú faltas yo cumplo; o calla, calla, aldudo, que a las faltas bien te ayudo. / Hablan el trigo y el centeno." (Correas: 518)

"Zanca vana, zanca vana, temprano espiga y tarde grana." (Correas: 518)

30   "Cávame en polvo, y víname en lodo, y darte he vino hermoso." (Hernán Núñez: f. 22 v.)

"De tales polvos, tales lodos." (Hernán Núñez: f. 33 r.)

31   "Cebada atollada, trigo en polvo, centeno en todo. / Otros dicen, Centeno en polvo, trigo en todo." (Hernán Núñez: f. 24 r.)

266. El centeno en polvo - y el trigo en lodo.

(Cubillas de Rueda. Olleros de Alba. Quintanilla de Rueda. Villacidayo. Valdealcón)

267. El centeno en polvo - y el trigo en tollo.

(Ábano. Villamejil. Villaverde de Arriba)

268. El trigo en lodo - y el centeno en polvo.

(Alude al momento de la siembra.)
(Quintana del Castillo. Valduvieco)

269. Buey viejo, - surco derecho.

(Matadeón de los Oteros)

270. El buen segador - a cada garro afila la hoz.

(Villacidayo)

271. El garbanzo y el señor - cuanto más separado mejor.

(Corporales)

272. El que siembra en rastrojo - pronto llorarán sus ojos.

(Villacidayo)

273. Por sembrar ralo y segar verde - ningún labrador se pierde.

(Valduvieco)

274. Quien con bueyes ara - a mear se para.

(Matadeón de los Oteros)

275. Si quieres coger pan abondo, - ara junto y hondo.

(Villacidayo)

276. Si quieres que tu cosecha nante[32], - siembra en creciente y recoge en menguante.

(*Nante*: «Que se haga grande».)
(Ábano)

---

32 «Nanta es acrecienta, porque los días crecen, y sale la gente al trabajo, y ha menester más comida. El asturiano.»
(Correas: 402)

277. Siembra tu trigo - cuando florezca el espino.

(Orallo)

LAS LABORES, SEGÚN EL SANTORAL:

278. El cinco de octubre, San Froilán, - siembra de todo pan.

(Matadeón de los Oteros)

279. En San Froilán, - todo pan.

(Villahibiera)

280. Por San Froilán, - de todo pan.

(Pajares de los Oteros)

281. El que alza por San Juan - alza bien y coge pan.

(Villahibiera)

282. El que en mayo rielva - y en San Juan bina,
de un brazao - hace la fejina.

(Se aplica al centeno. *Relvar*: «La primera aradura». *Binar*: «La segunda aradura». *Fejina*:
«La morena».)
(Garrafe de Torío)

283. Por San Isidro, el trigo
ni en el fuelle ni nacido.

(Orallo)

284. Por San Mateo, - siembra tu centeno.

(Villahibiera)

285. San Isidro labrador - siembra trigo y lo recoge.

(Villaverde de Arriba)

286. Santa Rita, - que todo lo quita;
San Bernardino, - quita pan y no da vino;
San Urbano, - ....;

San Fernando, - que todo lo viene arrebañando.

(Sobre las heladas del mes de mayo.)
(Burgo Ranero)

LAS LABORES, SEGÚN LOS MESES:

287. Año de andrinos, - año de trigo.[33]

(Cubillas de Rueda)

288. A mediaos de julio, - el centeno segando;
a primeros de agosto, - en la era trillando;
....
y a la noche, - el lino hilando.

(Santibáñez del Bernesga)

289. El que alza en febrero, - caballero;
el que alza en marzo, - caballero, pero no tanto;
el que alza en abril, - caballero, pero ruin.

(Villahibiera)

290. En abril, - espigas mil.

(Villacidayo)

291. En abril, - espigas mil;
mayo, - granayo;
junio, - la hoz al puño,
pal heno, - no pal centeno.

(Moscas del Páramo)

292. En acabado noviembre, - el que no haya sembrado que no siembre.

(Matadeón de los Oteros)

293. En agosto y en enero, - el arao quedo.

(Valderilla de Torío)

---

33 Hernán Núñez, sin embargo, desmiente el refrán indicado con este otro: "Año de muchas endrinas, pocas
hacinas." (Hernán Núñez: f. 11)

294. En febrero, el triguero;
en marzo, el cebadero;
en abril, se acabó el granero.

(Santibáñez del Bernesga)

295. En marzo, magarzo;
en abril, espigas mil;
en mayo, espiga el bueno y el malo.

(Orallo)

296. Marzo, - espigarzo;
en abril, - espigas mil.

(Aplicado al centeno.)
(Paradiña)

297. Marzo, - ñigarzo;
abril, - sale la espiga del cubil.

(Lucillo)

298. En octubre, - echa pan y cubre.

(Villacidayo)

299. En septiembre, - ni ares ni siembres.

(Pajares de los Oteros)

300. No se irá mayo
sin dejar el trigo cerniendo - y el centeno a medio grano.

(Villaverde de Arriba)

301. No te marches, mayo,
sin dejar el trigo espigao - y el centeno a medio grano.

(Burgo Ranero)

302. Sale, centeno, en abril.

(Paradiña)

A LA PUERTA DEL REZADOR:

303. A la puerta del rezador - no pongas el trigo al sol,
porque al son que va rezando - te lo va llevando.[34]

(Quintana del Monte)

LOS ÁRBOLES

304. El roble dijo al clavo:
–Tú sí entrarás, - pero allá dejarás el rabo.

(Villacidayo)

305. Le dice el roble al clavo:
–Entra, que aquí dejarás el rabo.

(Santa María del Condado)

306. La flor de febrero - no llena el frutero.

(Villacidayo)

307. Palera, - bonito nombre y mala madera.

(Villacidayo)

308. Si quieres hacer de una palera vieja una moza,
pódala con hoja.

(Villacidayo)

SIGNIFICADO DE LOS RAMOS QUE PONEN LOS MOZOS A LAS MOZAS:

309. Álamo, porque te amo.
Negrillo, porque te olvido.

---

34 Hernán Núñez: «Ante la puerta del rezador, nunca eches tu trigo al sol.» (Hernán Núñez: f. 11 vto.)
«A la puerta del rezador, no tiendas tu trigo al sol.» (Correas: 23)

Espino, porque te estimo.

(Benamariel)

310. Si le ponían de chopo,
te quiero poco.
Si era de negrillo,
te quiero y te estimo.
Y si era de toba,[de estos cardos que echan unas flores...]
ni te quiero mucho,
no te quiero nada,
o no sé qué.
Y si era de turra,
pa la burra.

(Castrovega de Valmadrigal)

AL EXTRAER LA CAÑA O PIEL ENTERA DE LA VARA DEL ÁRBOL, PARA HACER UNA GAITA O SILBO:

● *Alusión general:*

311. –Sal, sal, - palito nogal;
suda, suda, - palito la ruda.

(Pío de Sajambre)

312. –Suda, suda, - palito la ruda;
sal, sal, - palito nogal.[35]

(Pío de Sajambre)

---

35 Una interesante referencia literaria de esta fórmula rimada aparece en el cuento de Concha Espina, titulado "El rabión":

"Martín ... iba entreteniendo la tarde en la menuda fabricación de unos pitos, que obtenía ahuecando, paciente, tallos nuevos de sauce, cortados sin nudos. Para conseguir el desprendimiento de la corteza jugosa, era necesario –según código de infantiles juegos montañeses– acompañar el metódico golpeteo encima del pito con la cantilena:

"Suda, suda, cáscara ruda;

tira coces una mula;

si más sudara, más chiflara...

313. –Suda, suda, - palito, suda.
(Huergas de Gordón)

● *Salida con bien y con salud:*

314. –Sale, gaitina, con bien, - que te viene Dios a ver
con un mortero de sopas, - ¡qué bien te van a saber!
(Soto de Valdeón)

315. –Salivera, salivera, - sal, chifla, de salgar,
con salud y sin quebrantar, - nunca volverás a entrar.
(Getino)

● *Salida en un tiempo inmediato:*

316. –Suda, suda, - cabra cornuda;
si no sudas hoy, - sudarás mañana.
(La Serna)

317. –Suda, suda, - cabra cornuda;
si no sudas hoy, - sudarás mañana
y, si no, - pa la otra semana.
(Pallide)

318. –Suda, suda, - cabra cornuda;
si no sudas hoy, - sudarás mañana
y, si no, - toda la semana.
Cojo un mazo, - te echo al río abajo;
cojo una astilla - y te echo al río arriba.
(Renedo de Curueño)

319. –Suda, suda, - palo de palera;
si no sudas hoy, - sudarás mañana
y, si no, - toda la semana.
(Cármenes. Villarmún)

"Martín había repetido infinitas veces este conjuro milagrero, y tenía ya en la alforjita que fue portadora de su frugal pitanza una buena colección de silbatos sonoros." (Concha Espina: 208-209).

320.   –Suda, suda, - rabo de burra;
si no sudas hoy, - sudarás mañana.

(Valle de Vegacervera)

321.   –Suda, suda, suda - con el canto de la ruda;
si no sudas hoy, - sudarás mañana.

(Prioro)

322.   –Suda, suda, suda - con el unto de la rana;
si no sudas hoy, - sudarás mañana.

(Morgovejo. Prioro)

323.   –Suda, suda, suda, - palo de palero,
si no sudas hoy - sudarás mañana.

(Santibáñez del Bernesga)

324.   –Talla, talla, - culito de rana;
si no tallas hoy, - tallarás mañana.

(Villaverde de Arriba)

325.   –Talla, palero, talla,
que si no tallas hoy - tallarás mañana.

(Valderilla de Torío)

326.   –Talla, talla, - palero de rama,
si no tallas hoy - tallarás mañana.

(Villanueva del Árbol)

327.   –Talla, talla, - palo de palero,
si no tallas ahora - tallarás luego.

(Villamoros de las Regueras)

328.   –Talla, talla, - tallita de rama,
si no tallas hoy - tallarás mañana.

(Al extraer la corteza de la rama, para hacer la *silba*.)
(Palacio de Torío)

● *Pregunta por las casas del lugar:*

329.   –Suda, suda, - palo de palera,
       ¿cuántas casas - hay en Rueda?
       –La del cura - la primera.
       Una, dos, tres...

    (Y se contaba a medida que se le iban dando golpes al palo, hasta que quien lo hacía se cansaba.)
    (Mellanzos)

● *Pregunta por las mozas de la ribera o del lugar:*

330.   –Palo de palera,
       dime cuántas mozas - hay en la ribera.

    (Villanueva del Árbol)

331.   –Talla, palerín, - que eres de palera,
       dime cuántas mozas - hay en la ribera.

    (Al extraer la corteza de la rama, para hacer las *silbas*.)
    (Ruiforco de Torío)

332.   –Talla, tallarina, - que eres de palera;
       dime cuántas mozas - hay en tu ribera.

    (Garrafe de Torío)

333.   –Talla, talla, - rama de palero;
       ¿cuántas mozas - hay en tu pueblo?

(Tantos golpes con la navaja como -hipotéticamente- el número de mozas.)

    (Villaverde de Arriba)

334.   –Talla, talla, - rama de palero,
       dime cuántas mozas - hay en este pueblo.

    (Canaleja de Torío)

● *El parentesco de la rama:*

335.   –Suda, suda, - palo de palera,
       hijo de tu madre, - nieto de tu abuela.

    (Saelices del Payuelo. Santa Olaja de Eslonza. Villacidayo)

336. –Suda, suda, - palo de palera,
hijo de tu madre, - nieto de tu abuela.
Si subes arriba, - te doy con la viga;
si bajas abajo, - te doy con un mazo.

(Puente Villarente)

("Había que encantarlo", comenta el informante que recita la fórmula rimada.)

337. –Suda, suda, - palo de palera,
hijo de tu padre, - nieto de tu abuela.
Cuando mate la gallina, - te daré la zancadilla;
cuando mate mi gallo, - te daré cuatro palos.
Uno, dos, tres, cuatro.

(Felmín)

338. –Suda, suda, suda, - palo de fresno,
hijo de tu madre - y nieto de un cerdo.

(Geras)

● *El padre de la rama en busca de alimento:*

339. –Suda, mi gaitina, - que tu padre fue a la villa
a por pan, a por vino - y a por tortilla.

(Prada de Valdeón)

● *Amenazas para que sude:*

340. –Suda, gaita, suda; - si no quieres sudar,
te corto la cabeza - y te echo a rodar.

(Olleros de Alba)

341. –Suda, gaita, suda, - si quieres sudar,
que a golpes y a palos - te voy a sacar.

(Villanueva del Condado)

● *Asociación con extremidades de cuadrúpedo:*

342. –Suda, suda, - la pata de mi burra...

(Orallo)

343. –Suda, suda, - pata de mula...

(Sosas de Babia)

● *«Tempus fugit»:*

344. –Suda, suda, - palo de palera,
que dentro de poco - pasará la primavera.

(Santa Lucía)

3.

LOS ANIMALES

LA MANTIS RELIGIOSA

MARÍA RAMOS:

345. –Mari Ramos,
pon las manos.[36]

(Murias de Rechivaldo)

346. –María Ramos,
abrocha las manos,
si no, te matamos.

(Villamejil)

347. –María Ramos,
cruza las manos,
si no, te matamos.

(Jiménez de Jamuz)

348. –María Ramos,
pon las manos.

(Boisán)

349. –María Ramos,
pon las manos,
que, si no,
la cabeza te cortamos.

(Herreros de Jamuz)

350. –María Ramos,
pon las manos,
y, si no,
la cabeza te cortamos.

(Torneros de la Valdería)

---

36 Torner: 88.

PARAMESA:

351.   –Paramesa, - pon la mesa.
    (Quintanilla de Losada)

352.   –Paramesa, - pon la mesa
    para ti, - para mí
    y para el rey - que viene ahí.
    (Valtuille de Arriba)

PARRAGUESA:

353.   –Parraguesa, - pon a mesa
    con tres libras - de corteza
    para mí - y para ti
    y para el rey - que viene ahí.
    (Pobladura de Somoza)

SANTA TERESA:

354.   –Santa Teresa, - parraguesa,
    súbete las patitas - a la mesa.
    (Paradiña)

TERESA:

355.   –Anda, Teresa,
    pon la mesa.
    (Pereda de Ancares)

356.   –Teresa,
    pon la mesa.
    (Camponaraya)

LA MARIQUITA

ANGELÍN:

357.   *–Angelín* de Dios,
cuéntame los dedos
y vete pa Dios.[37]

(Felechas)

358.   *–Angelín* de Dios,
cuéntame los dedos
y márchate con Dios.

(Lugán. Pallide)

359.   *–Angelín* de Dios,
cuéntame los cinco deditos
y vete a volar con Dios.

(Robles de la Valcueva)

ANGELINA:

360.   *–Angelina* de Dios,
abre las alas
y vola pa Dios.

(Quintanilla de Losada)

ANGELITO:

361.   *–Angelito* de Dios,
levanta las alas

---

37   P. Morán (1924): 32.
    Mª Campos: 201.

y vete con Dios.

(Candín)

362.   –*Angelito* de Dios,
cuéntame los dedos
y vuela pa Dios.

(El Corral de las Arrimadas. Laiz de las Arrimadas)

363.   –*Angelito* de Dios,
cuéntame los dedos
y vete con Dios.

(Robles de la Valcueva)

364.   –*Angelito* de Dios,
cuéntame los cinco dedos
y márchate pa Dios.

(Villafeliz de Babia)

BOÍN:

365.   –*Boín* de Dios,
abre las alas
y marcha con Dios.

(Pobladura de Somoza)

366.   –*Boín* de Dios,
cuéntame los dedos
e marcha con Dios.

(Valtuille de Arriba)

BOLICA:

367.   –*Bolica* de Dios,
enséñame las alas
y márchate con Dios.

(Villar del Monte)

CARACOL:

368. –*Caracol*, col, col,
cuenta los dedos
y marcha al sol.

(Palacio de Torío)

CARACOLÍN:

369. –*Caracolín* de Dios,
cuéntame los dedos
y marcha pa Dios.

(Rodillazo)

370. –*Caracolín* de Dios,
cuéntame los dedos
y marcha pal sol.

(Rodillazo)

CARACOLITO:

371. –*Caracolito* de Dios,
cuéntame los dedos
y vete con Dios.

(Fontún)

CAROLINA:

372. –*Carolina* de Dios,
cuéntame los dedos
y marcha con Dios.

(Barrillos de Curueño)

373. –*Carolina* de Dios,
cuéntame los dedos

y márchate con Dios.

(Boñar. Villanueva del Árbol. Villaobispo de las Regueras. Villarmún)

374.   *–Carolina* de Dios,
cuéntame los dedos
y vete con Dios.

(Renedo de Curueño. Villamoros de las Regueras)

375.   *–Carolina* de Dios,
cuéntame los dedos
y vuela pa Dios.

(Otero de Curueño. Valdecastillo)

CARRALINA:

376.   *–Carralina* de Dios,
cuéntame los dedos
y márchate con Dios.

(Santa Olaja de la Varga. Villanueva del Árbol. Villacidayo)

377.   *–Carralina* de Dios,
cuéntame los dedos
y vete con Dios.

(Villacidayo)

378.   *–Carralina* de Dios,
dame pan y vino
y márchate con Dios.

(Villacidayo)

CARRILINA:

379.   *–Carrilina* de Dios,
cuéntame los dedos
y márchate con Dios.

(Castrillo de Porma)

CARROLINA:

380. –*Carrolina* de Dios,
cuéntame los dedos
y vete con Dios.

(Palazuelo de Torío)

CATALINA:

381. –*Catalina* de Dios,
cuéntame los dedos
y márchate con Dios.

(Morgovejo. Valderilla de Torío)

382. –*Catalina*, lina, lina,
Catalina de Dios,
cuéntame los dedos
y márchate con Dios.

(Morgovejo. Soto de Valdeón)

383. –*Catalina, Catalina,*
cuéntame los dedos.
–Uno, dos, tres,
cuatro y cinco…

(Prioro)

CATASOL:

384. –*Catasol*, catasol,
vete y dile a tu señor
que mañana que haga sol.

(Geras)

385. –Sol, sol, *catasol*,
vete y dile a tu señor

que mañana que haga sol.

(Geras)

386. *–Catasol*

(Pero no saben la fórmula rimada.)
(Tabanedo)

COCA:

387. *–Coca* de Dios,
cuéntame los dedos
y marcha con Dios.

(Villaobispo de Otero)

388. *–Coca* de Dios,
cuéntame los dedos
y marcha pa Dios.

(Vegacervera)

389. *–Coca* de Dios,
cuéntame los dedos
y vete con Dios.

(Villamejil)

390. *–Coca* de Dios,
enséñame los paños
y vola pa Dios.

(Corporales)

391. *–Coca* de Dios,
cuéntame los dedos
y vuela pa Dios.

(Boisán)

392. *–Coca* de Dios,
vola pa Dios;
dile a Dios

que haga sol
para hoy y mañana
y para toda la semana.

(Boisán)

COCA, COQUITA:

393. *–Coca, coquita,*
coquita de Dios,
cuéntame los dedos,
alza las alas
y vuela pa Dios.

(Murias de Rechivaldo)

394. *–Coca, coquita,*
coca de Dios,
cuéntame los dedos
y márchate pa Dios.

(Herreros de Jamuz)

395. *–Coca, coquita* de Dios,
cuéntame los dedos
y marcharás a volar pa Dios.

(Tabuyuelo)

COCA DE SAN ANTÓN:

396. *–Coca de San Antón,*
cuéntame los dedos,
que cinco y cinco son.

(Jiménez de Jamuz)

397. *–Coca de San Antón,*
cuéntame los dedos
y márchate con Dios.

(Jiménez de Jamuz)

COCA PANADERA:

398. *–Coca panadera,*
cuenta, contador,
cuéntame los dedos
a ver cuántos son.

(Huerga de Frailes)

399. *–Coca panadera,*
cuéntame los dedos
y vete a la era.

(Barrientos de la Vega, Astorga)

400. *–Coca panadera,*
cuéntame los dedos
y vete pa la era.

(Palacios de la Valduerna. San Justo de la Vega, Astorga)

COQUÍN:

401. *–Coquín* de Dios,
cuéntame los dedos
y marcha con Dios.

(Santa María del Condado. Villanueva del Condado)

402. *–Coquín* de Dios,
cuéntame los dedos
y marcha pa Dios.

(Mayo de Luna)

403. *–Coquín* de Dios,
cuéntame los cinco dedos
y vete con Dios.

(Riaño)

404. *–Coquín* de Dios,
cuéntame los dedos

y vete con Dios.

(Camplongo)

COQUINA:

405. *–Coquina* de Dios,
cuéntame los dedos
a uno y a dos
y alza las alas
y vola pa Dios.

(Lucillo)

406. *–Coquina* de Dios,
abre las alas
y marcha pa Dios.

(Villarmeriel)

407. *–Coquina* de Dios,
cuéntame los dedos,
alza las alas
y vuela pa Dios.

(Pedredo)

408. *–Coquina* de Dios,
cuéntame los dedos
y marcha con Dios.

(Omañón)

409. *–Coquina* de Dios,
cuéntame los dedos
y márchate con Dios.

(Ábano. Barrios de Luna. Garrafe de Torío. Quintanilla del Monte. Villaverde de Arriba)

410. *–Coquina* de Dios,
cuéntame los dedos
y márchate pa Dios.

(Aralla. Ferreras. Portilla de Luna. Riofrío. Ruiforco de Torío)

411. *–Coquina* de Dios,
cuéntame los dedos
y vete con Dios.

(Quintana del Castillo. Santa Lucía)

412. *–Coquina* de Dios,
cuéntame los dedos
y vete pa Dios.

(Mora de Luna. San Pedro de Luna –sumergido bajo el pantano.)

413. *–Coquina* de Dios,
cuéntame los dedos
y vola pa Dios.

(La Cueta)

414. *–Coquina* de Dios,
cuéntame los dedos
y volarás pa Dios.

(Torneros de la Valdería)

COQUITA:

415. *–Coquita* de Dios,
alza las alas
y marcha pa Dios.

(Val de San Lorenzo)

416. *–Coquita* de Dios,
cuéntame los dedos,
alza las alas
y vete pa Dios.

(Castrillo de los Polvazares)

417. *–Coquita* de Dios,
cuéntame los cinco dedos
y márchate con Dios.

(Sagüera de Luna)

418. –*Coquita* de Dios,
cuéntame los dedos
y marcha pa Dios.

(Val de San Lorenzo)

419. –*Coquita* de Dios,
cuéntame los dedos
y márchate con Dios.

(Magaz de Cepeda)

420. –*Coquita* de Dios,
cuéntame los dedos
y vete con Dios.

(Pardesevil)

421. –*Coquita* de Dios,
cuéntame los dedos
y vete pa Dios.

(Otero de las Dueñas)

422. –*Coquita* de Dios,
cuéntame los dedos
y volarás pa Dios.

(Castrocontrigo)

COQUITA DE SAN ANTÓN:

423. –Coca, coquita
de San Antón,
cuéntame los dedos
y marcha con Dios.

(Villaseca de Laciana)

COQUITO:

424. *–Coquito* de Dios,
cuéntame los dedos
y vete pa Dios.

(Beberino)

COSQUITA:

425. *–Cosquita* de Dios,
cuéntame los dedos
y márchate pa Dios.

(Palacio de Torío)

GALLINA:

426. *–Gallina* de Dios,
cuéntame los dedos
y marcha con Dios.

(Huergas de Gordón)

GALLINITA:

427. *–Gallinita* de Dios,
cuéntame los dedos
y vas con Dios.

(La Cándana de Curueño)

MARGARITA:

428. *–Margarita* de Dios,
cuéntame los dedos
y vete con Dios.

(Puente Almuey)

MARIPOSA:

429.   –*Mariposa* de Dios,
abre las alas
y vola pa Dios.

(Quintanilla de Losada)

430.   –*Mariposa* de Dios,
cuéntame los dedos
y márchate con Dios.

(Vega de Espinareda)

431.   –*Mariposa* de Dios,
cuéntame los dedos
y vete con Dios.

(Vega de Caballeros)

432.   –*Mariposa* de Dios,
cuéntame los dedos
y vuela pa Dios.

(Cármenes)

MARIPOSINA:

433.   –*Mariposina* de Dios,
cuéntame los cinco dedos
y vete pa Dios,
y dile a Dios
que haga sol
hoy y mañana
y toda la semana.

(Sosas de Laciana)

434.   –*Mariposina* de Dios,
cuéntame los dedos
y márchate con Dios.

(Canales)

435. –*Mariposina* de Dios,
cuéntame los dedos
y márchate pa Dios.

(Palacio de Torío)

MARIPOSITA:

436. –*Mariposita* de Dios,
cuéntame los dedos
y marcha con Dios.

(Acisa de las Arrimadas)

437. –*Mariposita* de Dios,
cuéntame los dedos
y vete con Dios.

(Fresnedo de Valdellorma. Palazuelo de Boñar. Vegaquemada)

MARIQUITA:

438. –*Mariquita*, quita,
cuéntame los dedos,
luego que los cuentes
márchate corriendo.

(Ábano)

439. –*Mariquita* de Dios,
cuéntame los dedos
y vete con Dios.

(Robledo de Babia. Truébano de Babia)

MOSQUITÍN:

440. –*Mosquitín*, mosquitín,
mosquitín de Dios,
abre las alas

y vete con Dios.

(Candín)

PAJARÍN:

441.   –*Pajarín* de Dios,
cuéntame los dedos
y vete con Dios.

(Robledo de Babia)

PAJARINA:

442.   –*Pajarina* de Dios,
cuéntame los dedos
y márchate con Dios.

(Olleros de Alba)

PAJARITA:

443.   –*Pajarita* de Dios,
cuéntame los dedos
y vuela pa Dios.[38]

(Fresno de la Vega)

PALOMINA:

444.   –*Palomina* de Dios,
cuéntame los cinco dedos

---

38 "Pajarita de Dios, cuéntame los dedos y vaite con Dios. / Dicen esto los niños poniendo en la mano una escarabajita colorada y hermosa, con pintas negras, redonda como media bolita o medio garbanzo, que abre dos conchas y descubre unas alitas con que vuela un poco, y en partes las laman gallinita de Nuestra Señora." (Correas: 378)
Frenk: n° 2079, 1003.

y márchate con Dios.

(Cuevas del Sil)

445.   –*Palomina* de Dios,
cuéntame los cinco dedos
y vete con Dios.

(Villanueva de Omaña)

446.   –*Palomina* de Dios,
cuéntame los dedos
y márchate con Dios.

(Riello)

447.   –*Palomina* de Dios,
cuéntame los dedos
y vete con Dios.

(Cospedal)

448.   –*Palomina*, palomar,
cuéntame los dedos
y márchate a volar.

(Lago de Omaña)

PALOMITA:

449.   –*Palomita* de Dios,
cuéntame los cinco dedos
y marcha con Dios.

(Cospedal)

450.   –*Palomita* de Dios,
cuéntame los cinco dedos
y vete con Dios.

(Montrondo. Murias de Paredes)

451.   –*Palomita* de Dios,
cuéntame los dedos

y márchate con Dios.

(Guisatecha)

452. *–Palomita* de Dios,
cuéntame los dedos
y vete con Dios.

(Robledo de Babia. Sésamo)

453. *–Palomita* de Dios,
cuéntame los dedos
y vete pa Dios.

(Valdelugueros)

PANADERINA:

454. *–Panaderina* de Dios,
cuéntame los dedos
y márchate con Dios.

(Quintana del Castillo)

PAPASOLÍN:

455. *–Papasolín* de Dios,
cuéntame los dedos
y marcha con Dios.

(Camponaraya)

PASTORINA:

456. *–Pastorina* de Dios,
cuéntame los dedos
y marcha con Dios.

(Cabornera)

457. *–Pastorina* de Dios,
cuéntame los dedos
y márchate con Dios.

(Saelices del Payuelo. Villaverde de Abajo. Villaverde de Arriba)

458. *–Pastorina* de Dios,
cuéntame los dedos
y vete con Dios.

(Burgo Ranero)

459. *–Pastorina* de Dios,
cuéntame los dedos
y vuela pa Dios.

(Santa Colomba de las Arrimadas)

460. *–Pastorina, pastorina,*
pastorina de Dios,
cuéntame los dedos
y márchate con Dios.

(Santa Olaja de Eslonza)

PERRÍN:

461. *–Perrín* de Dios,
cuéntame los cinco dedos
y márchate con Dios.

(Paradiña)

PERRINA:

462. *–Perrina* de Dios,
cuéntame los dedos
y vola pa Dios.

(Millaró)

SABELITA:

463.   *–Sabelita*, bela,
cuéntame los dedos
y vete pa la era.

(Villares de Órbigo)

SANANITA:

464.   *–Sananita* de Dios,
cuéntame los dedos
y vete con Dios.

(Trobajo del Camino)

465.   *–Sananita* de Dios,
cuéntame los dedos
y vete pa Dios.

(Gallegos de Curueño. Santa María del Condado)

466.   *–Sananita* de Dios,
cuéntame los dedos
y vete pal sol.

(Gallegos de Curueño)

SANTANICA:

467.   *–Santanica* de Dios,
cuéntame los dedos
y márchate con Dios.

(Calamocos)

SAPINA:

468.   *–Sapina* de Dios,
cuéntame los dedos,

alza las alas
y marcha pa Dios.

(Valdespino de Somoza)

469. –*Sapina* de Dios,
cuéntame los dedos
y marcha pa Dios.

(Santa Colomba de Somoza. Villalibre de Somoza)

470. –*Sapina* de Dios,
cuéntame los dedos
y vola pa Dios.
Dile a Dios
que estemos buenos
hoy y mañana
y to la semana.

(Tabladillo)

471. –*Sapina*, sapina,
sapina de Dios,
cuéntame los dedos
y vuela pa Dios.

(Lagunas de Somoza)

SASTRÍN:

472. –*Sastrín* de Dios,
cuéntame los dedos
y vete con Dios.

(Posada de Valdeón. Prada de Valdeón)

SOLITO:

473. –*Solito* de Dios,
alza las alas

y vete con Dios.

(Pereda de Ancares)

VAQUINA:

474.   –*Vaquina* de Dios,
cuéntame los cinco dedos
y vete con Dios.

(Senra)

475.   –*Vaquina* de Dios,
cuéntame los cinco dedos
y vuela pa Dios,
y dile a tu abuelita
a ver si mañana hace sol.

(Orallo)

476.   –*Vaquina* de Dios,
cuéntame los dedos
y marcha con Dios.

(Prioro)

477.   –*Vaquina* de Dios,
cuéntame los dedos
y marcha pa Dios.

(Villasecino)

478.   –*Vaquina* de Dios,
cuéntame los dedos
y vete con Dios.

(Truébano de Babia)

LA ARAÑA

479. Baja, araña, baja,
que está un tonto - teniendo por una paja.
(Villacidayo)

480. Sube, arañita, sube,
baja, arañita, baja,
que aquí está el tonto
con la navaja.
(Saelices del Payuelo)

481. El que mata a un arañón - tien cien años de perdón.
(Portilla de Luna)

482. En el alto vive, - en el alto mora,
en el alto teje - la tejedora.
(La araña.)
(Cuadros)

OTROS INSECTOS

PARA QUE EL ENJAMBRE SE INTRODUZCA EN LA COLMENA:

483. –Posa, posa, posa;
posa, posa, posa;
posa, posa, posa.

(Para llevar al enjambre de abejas a la colmena, se cogen dos piedras en ambas manos y se golpean, al tiempo que se dice rítmicamente la fórmula, con el acompañamiento de los golpes.)
(Villar del Monte)

PARA HACER SALIR AL GRILLO DE SU AGUJERO:

484.   –Cri, cri, cri,
sal que te meo.

(La Cueta)

485.   –Gri, gri, gri,
sale, que te meo.

(Rabanal de Fenar)

486.   –Sal, gri, gri, carbonero, - que, si no, te meo.
(Al grillo, para que saliera.)

(Quintanilla del Monte)

487.   –Sal, grillo, sal, - que a la puerta tu portal
están tu padre y tu madre - con un saco de sal.

(Riaño)

488.   –Sal, sal, carbonero, - sal, que te meo.
(Al grillo, para que saliera.)

(Quintanilla del Monte)

INTERPRETACIÓN DEL CANTO DE LA CIGARRA:

489.   –Segar, segar,
dejar de arar,
meter la palla en el pallar.

(Les dice la cigarra, cuando canta, a los campesinos.)
(Alija de la Ribera)

PÁJAROS

490.   [Dijo la pega al cuervo:]
–¡Ay, cuervo, qué negro eres!

–Tú también tienes tus pintejas.[39]
(Le respondió el cuervo.)
(Felmín)

491. Cada pájaro a su espiga.[40]
(Villacidayo)

492. –¿Comiste un pajarín, - que era viernes?
(Al hacer cosquillas al niño a la altura de la garganta.)
(Corporales)

493. Cuando el grajo vuela bajo, - hace un frío del carajo.
(Mansilla del Páramo. Olleros de Alba)

494. Cuando la graja baja de la peña, - mala seña.
(Soto de Valdeón)

495. –Mira un pajarín con cola. - ¡Mamola, mamola!
("Para hacer cosquillas a los niños pequeños. Se les señala a lo alto con el dedo y, cuando levantan la cabeza y dejan libre la garganta, se les hacen las cosquillas.")
(Cerezales del Condado)

496. –Mira un pajarín sin cola. - ¡Mamola, mamola, mamola![41]
(Orallo. Villanueva del Árbol)

497. –Mira un pajarín sin cola. - ¡Que vola, que vola, que vola!
(Cármenes)

498. –Mira un pajarito sin cola. - ¡Que vola, que vola, que vola!
(Riaño)

---

39 «Dijo la corneja al cuervo: Quítate allá negro; y el cuervo a la corneja: Quitaos vos allá negra». (Covarrubias: 383)

40 «Cada gorrión, con su espigón.» (Hernán Núñez: f. 21 vto.)

41 Rodríguez Marín I: nº 42, 63.

499. –Mira un pajarito sin cola. - ¡Cocola, cocola, cocola![42]

(Se le hace mirar al niño hacia el cielo y, al levantar la cabeza, se le hacen cosquillas en el cuello.)
(Villacidayo)

500. Pájaros y pardales, - todos iguales.

(Almanza)

501. –Uñir, uñir, - que vien abril.
(Lo dicen los pajarines.)

(Villar del Monte)

502. –Uñir, uñir, - que viene abril.

(Montrondo)

503. [Le dice el cuclillo a la golondrina ligera:]
–Golondrina, tú que has pasado el mar,
¿habrás oído hablar
de los pájaros de aquí?
[Y ella le dice:] –Sí.
–¿Y qué cuentan del ruiseñor?
–Que aprueba muy bien su solombría.
–¿Y de la alondra?
–También, pues en países así
se dan alabanzas locas,
mi fama triunfará allí.
[Y dijo:]
–Cuclillo, tú te equivocas,
nadie se acuerda de ti,
por ser un ave tan fastidiosa
en el cantar, como tú,
porque no sabes otra cosa
más que cucú, cucú, y más cucú,
y siempre la misma cosa.

(Ábano)

---

42 Rodríguez Marín I: n° 42, 63.

PROCESO DE CRÍA DE LOS PÁJAROS

504. En el mes de Santa Marina,
pajaricos a ganar la vida.

(Magaz de Cepeda)

505. En febrero, - busca la sombra el perro;
en marzo, - nial en zarzo;
en abril, - gogoril;
en mayo, - pajarayo;
en San Juan, - volarán;
y, en la yerba, - vete a la mierda.[43]

(Villafeliz de Babia)

506. Marzo, - nidarzo;
abril, espigas mil;
mayo, - pajarayo;
junio, la hoz en puño.[44]

(Tabuyo del Monte)

507. Marzo, -nidarzo;
abril, - güeveril;
mayo, - pajarayo.

(Pinilla de la Valdería)

508. Marzo, - nidarzo;
abril, - govil
y mayo, - pajaril.

(Tabuyo del Monte)

509. Marzo, - nidarzo;
abril, güeveril;

---

43 "Febreiro, ricouqueiro: Março, tres o quatro: Abril, cheo iaz o covil: Mayo, pio pio po lo mato: Iuño, como un puño: en Agosto, nao as tomarás a coso. / "El Portogues. Hebrero, hace la perdiz el nido: Marzo, tres o cuatro: Abril, lleno está el cubil: Mayo, pío-pío por las matas: Iuño, como un puño: en Agosto, no las tomarás corriendo. De los huevos, y de las perdices." (Hernán Núñez: f. 52 vto.)

44 "En junio, hoz en puño; de verde, mas no de pan maduro." (Correas: 193)

mayo, - pajarayo;
y junio, - la hoz en el puño.

(Pinilla de la Valdería)

510. Marzo, - nialarzo;
abril, - güeveril;
mayo, - pajarayo
y, en San Juan, - volarán.

(Castrocalbón)

511. Marzo, - nidarzo;
abril, - güeveril;
mayo, - pajarayo;
y San Juan, - pajaritos a volar.

(Paradilla de la Sobarriba)

512. En marzo, - a nidarzo;
abril, - hueveril;
mayo, - pajarayo;
por San Juan, - los pájaros a volar;
y, por San Pedro, - corre detrás de ellos.

(Villanueva de Jamuz)

513. Marzo, - anidarzo;
abril, - güeveril;
mayo, - pajarayo;
por San Juan, - volarán;
por San Pedro, - vete detrás de ellos.

(Villaturiel)

514. Marzo, - anidarzo;
abril, - güeveril;
mayo, - pajarayo;
y en San Juan - volarán
por los granos - del pan.

(Canaleja de Torío)

515. Marzo, lealarzo;
abril, güeveril;
mayo, pajarayo;
en San Juan, volarán;
y, en San Pedro,
corre tras de ellos.

(Valle de Vegacervera)

516. Marzo, - leanarzo;
abril, - güeveril;
mayo, - pajarayo;
en San Juan, - volarán;
y en San Pedro, - corre tras de ellos.

(Santibáñez de Bernesga)

517. Marzo, - morgazo;
abril, - güeveril;
mayo, - pajarayo;
por San Juan, - volarán
por las espigas - del pan.

(Villaverde de Arriba)

518. Marzo, - nidarzo,
abril, - hueveril,
mayo, - pajarayo
y junio, - pájaro ninguno.

(Mansilla de las Mulas)

519. Marzo, - niadarzo;
abril, - güeveril;
mayo, - pajarayo;
y en junio - ya no hay ninguno.

(Ambasaguas de Curueño)

520. Marzo, - nial nel zarzo;
abril, - guguril;
mayo, - pajarayo;

y por San Juan, - pajaritos a volar.

(Huergas de Gordón)

521. Marzo, - nial nel zarzo;
abril, - guguril;
mayo, - pajarayo;
y por San Juan, - pajaritos a volar van.

(Portilla de Luna)

522. Marzo, nialarzo;
abril, gogueril;
mayo, pajarayo;
en San Juan, volarán;
y en Santa Marina, - ganarán la vida.

(Ferreras)

523. Marzo, - nialarzo;
abril, - goguil;
mayo, - pajarayo;
San Juan, - volarán;
Santa Marina, - ganarán la vida

(La Garandilla)

524. Marzo, - nialarzo;
abril, - goguil [guogueril];
mayo, - pajarayo;
San Juan, - volarán;
y, Santa Marina, - a ganar la vida.

(Quintana del Castillo)

525. Marzo, nialarzo;
abril, - güeveril,
mayo, - pajarayo
y San Juan, - volarán.

(Cerezales del Condado)

526. Marzo, - nialarzo;
abril, - güeveril;

mayo, - pajarayo;
en San Juan, - volarán;
y en San Pedro, - darán el vuelo.

(Nava de los Caballeros)

527. Marzo, - nialarzo;
abril, - güeveril;
mayo, - pajarayo;
junio, - les agarrarás pol culo;
en San Juan, - volarán;
en el mes de la hierba, - se siega el pan.

(Valdealcón)

528. Marzo, - nialarzo;
abril, - güeveril;
mayo, - pajarayo;
por San Juan, - pajaritos a volar;
por San Pedro, - correr tras ellos.

(Cuadros. Valsemana)

529. Marzo, - nialarzo;
abril, - güeveril;
mayo, - pajarayo;
por San Juan, - volarán;
y, por San Pedro,
cógeles tú, - que yo ya no puedo.

(Villafruela del Condado)

530. Marzo, - nialarzo;
abril, - güeveril;
mayo, - pajarayo;
por San Juan, - volarán;
por San Pedro,
ningún chiquillo - les alcanzará el vuelo.

(Villamayor del Condado)

531. Marzo, - nialarzo;
abril, - güeveril;

mayo, - pajarayo;
por San Juan, - volarán;
por San Pedro, - hasta el cielo.

(Modino)

532. Marzo, - nialarzo;
abril, - güeveril;
mayo, - pajarayo;
por San Juan, - volarán;
y en el mes de la yerba, - ya comen pan.

(Pallide)

533. Marzo, - nialarzo;
abril, - güeveril;
mayo, - pajarayo;
por San Juan, - volarán;
y *pol* tiempo de la yerba - cómo correrán.

(Carbajal de Rueda)

534. Marzo, - nialarzo;
abril, - güeveril;
mayo, - pajarayo;
por San Juan, - volarán;
y por San Pedro, - echarán el vuelo.

(Villacidayo)

535. Marzo, - nialarzo;
abril, - güeveril;
mayo, - pajarayo;
por San Juan, - volarán;
y por San Pedro, - ya no los pilla el perro.

(Cármenes)

536. Marzo, nialarzo;
abril, güeveril;
mayo, pajarayo;
por San Juan,

volarín, volarán.

(Tendal)

537. Marzo, - nialarzo;
abril, - güeveril;
mayo, - pajarayo;
San Juan, - volarán.

(Posada de Valdeón. Prada de Valdeón)

538. Marzo, - nialarzo;
abril, - güeveril;
mayo, - pajarayo;
San Juan, - volarán;
y en el mes de la yerba
tiran de la pierna.

(Renedo de Curueño)

539. Marzo, - nialarzo;
abril, - güeveril;
mayo, - pajarayo;
San Juan, - volarán;
y praos, - los atrasaos.

(Prioro)

540. Marzo, - nialarzo;
abril, - güeveril;
mayo, - pajarayo;
San Juan, - volarán;
y San Pedro, - volandero.

(Valdealcón)

541. Marzo, - nialarzo;
abril, - güevil;
mayo, - pajarayo;
San Juan, - volarán;
y Santa Marina - a ganar la vida.

(Ábano)

542. Marzo, - nialarzo;
abril, - hueveril;
mayo, - pajarayo;
San Juan, - volarán;
San Pedro, - cogerán su vuelo.

(Villanueva del Condado)

543. Marzo, niarzo;
abril, güevil;
y mayo, pajarayo.

(Santa Colomba de Somoza)

544. Marzo, - niarzo
y nido en zarzo;
abril, - güeveril;
mayo, - pajarayo;
San Juan, - volarán;
y Santa Marina, - ganarán la vica.

(Olleros de Alba)

545. Marzo, - nidarzo;
abril, - goveril;
mayo, - pajarayo;
San Juan, - a volar van;
Santa Marina, - a ganarse la vida;
y, en agosto, ya no los conozco.

(Villasecino)

546. Marzo, - nidarzo;
abril, - güeveril;
mayo, - pajarayos;
junio, - volanduños.

(Huerga de Frailes)

547. Marzo, - nidarzo;
abril, - güeveril;
mayo, - pajarayo;
en San Juan, - volarán;

y en San Pedro, - pajaritos al cielo.

(Villamoros de las Regueras)

548. Marzo, - nidarzo;
abril, - güeveril;
mayo, - pajarayo;
por San Juan, - volarán;
por San Pedro, - les chupas del agujero.

(Saelices del Payuelo)

549. Marzo, - nidarzo;
abril, - güeveril;
mayo, - pajarayo;
San Juan, - volarán;
y San Pedro - ya están gordos a cogerlos.

(Garrafe de Torío)

550. Marzo, - nidarzo;
abril, - güeveril;
mayo, - pajarayo;
y San Juan, - pajaritos a volar.

(Paradilla de la Sobarriba)

551. Marzo, - nidarzo;
abril, - güevil;
mayo, - pajarayo;
y San Juan, - pajaricos volarán.

(Murias de Rechivaldo)

552. Marzo, - nidarzo,
abril, - hueveril,
mayo, - pajarayo
y junio, - pájaro ninguno.

(Mansilla de las Mulas)

EL ÁGUILA

553. –Águila borreira,
la casa se te quema,
los hijos se te marchan;
escríbele una carta,
que ellos te volverán.

(Corporales)

554. Cuando el águila silba,
pastor, al cuidado;
cuando el milán silva
ya está matado.

(Villacidayo)

555. Cuando el águila silba
y el cuervo corvea,
corre, pastorcillo,
que el lobo te lleva.

(Villacidayo)

556. –Galfarro, ladrón,
que comes las pitas
y dejas las tripas.
(*Galfarro*: Aguilucho.)

(Orallo)

LA CIGÜEÑA

557. –¿A que no sabes por qué la cigüeña
hace el nido en la torre?
–Porque no se hace caso de badajos.

(Villacidayo)

558. –Cigüeña baleña, - la casa te se quema,
los hijos te se van, - a la viña, viña van;

escríbele una carta, - que ya te volverán.[45]

(Murias de Rechivaldo)

559. –Cigüeña barreña, - la casa se te quema,
los hijos se te van - pa la orilla del mar.

(Castrocontrigo)

560. –Cigüeña barreña, - la casa se te quema,
los hijos se te van - para Villamañán.
Escribe una carta,
una pa Pedro, - otra pa Juan
y otra pal cura - de Villamañán.

(Santa María del Páramo)

561. –Cigüeña barreña, - sube a la peña
y dile al pastor - que eche pa acá el sol
con la mano derecha - de Nuestro Señor.

(Riaño)

562. –Cigüeña barreña, - súbete a la peña,
que allí está tu abuela
comiendo patatas - en una cazuela.

(Cuadros)

563. –Cigüeña barrueña, - que la casa se te quema,
los hijos se te van - para Miñamiñán.
Escríbele una carta, - que ellos volverán.[46]

(Villamejil)

564. –Cigüeña beleña, - súbete a la peña,
que la casa se te quema, - los hijos se te van
a la villa Villaván,
escríbeles una carta - y ellos volverán.

(Saelices del Payuelo)

---

45 P. Morán (1924): 39-40.
   Mª Campos: 201.

46 Rodríguez Marín I: nº 123, 80.

565. –Cigüeña careña, - la casa se te quema,
los hijos se te van - a la orilla del mar;
escríbele una carta, - que ellos volverán.

(Toral de Merayo)

566. –Cigüeña, cigüeña - del pico galán,
la casa te se quema, - los hijos te se van,
escríbele una carta, - que ellos volverán.
Y, si no quieren volver, - échalos a correr.

(Santa Colomba de Somoza)

567. –Cigüeña, cigüeña reteña, - la casa se te quema,
los hijos se te van - para Villamañán,
escríbeles una carta - y a la tarde volverán.

(Ferreras)

568. –Cigüeña, cigüeña, - súbete a la peña,
di a aquel pastor - que dé pa acá al sol[47]
con la mano derecha - de Nuestro Señor.

(Cubillas de Rueda)

569. –Cigüeña madrileña, - la casa se te quema,
los hijos se te marchan - para Villablanca.

(Villafeliz de Babia)

570. –Cigüeña magüeña, - ponte en la peña
y dile a mi señor - que traiga buen sol
para hoy, para mañana - y para toda la semana.

(Pallide)

571. –Cigüeña malagueña, - la casa se te quema
con un carro de leña,
los hijos se te van, - pa la villa Villaván;
toca las campanas, - que ellos volverán.

(Villaverde de Abajo)

---

47 "Cata la luna, cata el sol, cata los amores del pastor" (Correas: 110)
Frenk: nº 1154, 552.

572. –Cigüeña malagueña, - la casa se te quema
con un carro leña,
los hijos se te van - para Villamañán,
toca las campanas - y ellos volverán.

(Ruiforco de Torío)

573. –Cigüeña malagüeña, - la casa se te quema,
los hijos se te van - pa la villa de Mañán.
Toca las campanas, - que ya volverán.

(Villasecino)

574. –Cigüeña malagueña, - la casa se te quema,
los hijos se te van - pa la villa Villaván.

(Villaobispo de las Regueras)

575. –Cigüeña malagueña, - la casa se te quema,
los hijos se te van - para Villamañán.

(Otero de las Dueñas)

576. –Cigüeña malagueña, - la casa se te quema,
los hijos se te van - para Villamañán.
Escríbele una carta, - que pronto volverán.

(Cembranos. Robledo de Babia)

577. –Cigüeña malagueña, - la casa se te quema,
los hijos se te van - para Villamañán;
toca las campanas, - que ellos volverán.

(Truébano de Babia)

578. –Cigüeña malagueña, - la casa te se quema
con un carro de leña;
los hijos volarán - para Villamañán;
toca las campanas, - que ellos volverán.

(Garrafe de Torío)

579. –Cigüeña malagueña, - la casa se te quema,
los hijos se te van, - escríbeles una carta

con una miguita de pan, - que luego te volverán.

(Orallo)

580. –Cigüeña malagueña, - la casa te se quema,
los hijos te se van - pa Villamañán.

(Valderilla de Torío)

581. –Cigüeña malagueña, - súbete a la peña
con un carro de leña;
los hijos se te van,
la casa se te quema, - ellos pronto volverán.

(Saelices del Payuelo)

582. –Cigüeña malagueña, - súbete a la peña,
di al pastor - que caliente el sol
debajo la capilla - de Nuestro Señor.

(Villanueva del Condado)

583. –Cigüeña malagueña, - súbete a la peña,
los hijos se te van - pa la villa Villarán;
tocan las campanas - para ir a la cama,
tocan los cencerros - para ir al entierro. [para ir al infierno.]

(Palacio de Torío)

584. –Cigüeña malagueña, - súbete a la peña,
que allí está tu abuela - comiendo ciruelas;
pídele una, - si no te la da,
cógela del moño - y échala a volar.

(Orallo)

585. –Cigüeña malagueña, - subéte a la peña,
que allí está tu abuela - machacando la muela.

(Santa María del Condado)

586. –Cigüeña malagueña, - súbete a la peña,
que allí está tu abuela - pidiendo ciruelas;
si no te las da,

la agarras del moño - y la haces bailar.

(Valdealcón)

587.	–Cigüeña malagueña, - súbete a la peña,
que allí están tus hijos - pidiéndote pan,
que eres una tuna, - que no se lo das.

(Carbajal de Rueda)

588.	–Cigüeña malagueña, - súbete a la peña
y di a mi señor - que mande pa acá el sol.

(Carbajal de Rueda)

589.	–Cigüeña malagueña, - súbete a la torre,
que los hijos se te van - pa la villa de Boñar.

(Garfín)

590.	–Cigüeña malagueña, - súbete a una peña,
que allí está tu abuela - comiendo una pera.

(Lagunas de Somoza)

591.	–Cigüeña malagueña, - trae la leña,
la casa se te quema,
los hijos se te van - pa la villa Villaván.

(Villamoros de las Regueras)

592.	–Cigüeña, maragüeña, - súbete a la peña,
los hijos te se van - por carre Villamañán;
escríbeles una carta, - que luego volverán.

(Pobladura de Pelayo García)

593.	–Cigüeña maragüeña, - súbete a la peña,
que allí está tu abuela - comiendo ciruelas;
si no te las da,
la agarras del moño - y la haces bailar.

(Villanueva de Jamuz)

594.	–Cigüeña maragüeña, - súbete a la peña,
que allí está tu abuela - comiendo una pera;

si no te la da,
la agarras pol moño - y la haces bailar.

(Moscas del Páramo)

595.   –Cigüeña mareña, - ponte en la peña,
dile al pastor - que eche pa acá el sol,
con la mano derecha - de Nuestro Señor.

(Prioro)

596.   –Cigüeña mareña, - ponte en la peña
y dile al pastor - que mande salir al sol.

(Almanza)

597.   –Cigüeña meleña, - la casa se te quema,
los hijos se te van - pa villa Villán,
escríbele una carta - que ya te volverán.

(Castrillo de los Polvazares)

598.   –Cigüeña parreña, - súbete a la peña,
que allá está mi abuela - comiendo ciruelas;
si no te las da,
la agarras por el moño - y la aces bailar.

(Villanueva de Jamuz)

599.   –Cigüeña patacueña,
¿qué llevas en el pico? - -Un cacho de tocino.
-¿Quién te lo dio? - El rey que pasó.

(Val de San Lorenzo)

600.   –Cigüeña rabueña, - la casa se te quema,
los hijos se te van, - a la villa, villa van.

(Quintana del Castillo)

601.   –Cigüeña rateña, - súbete a la peña,
que allí está tu abuela - cascando ciruelas.
Si no te las da, - échate a llorar.

(Nava de los Caballeros)

602. –Cigüeña rateña, - súbete a la peña,
que allí está tu abuela - pelando ciruelas;
di que te dé una, - si no te la da,
la agarras del moño - y la haces bailar.

(Valporquero de Rueda)

603. –Cigüeña reteña, - retírate a la peña,
que allá están tus hijos - pidiéndote pan,
que eres una tuna, - que no se lo das.

(San Bartolomé de Rueda)

604. –Cigüeña reteña, - súbete a la peña,
que allí está tu abuela
cascando avellanas, - comiendo ciruelas.
Si no te las da, - échate a llorar.

(Villacidayo)

605. –Cigüeña reteña, - súbete a la peña,
que allí está tu abuela - cascando ciruelas,
si no me la das
la tiras del moño - y la haces bailar.

(Villacidayo)

606. –Cigüeña reteña, - súbete a la peña,
que allí está tu abuela - cascando ciruelas;
si no te las da,
la agarras por el moño - y la haces bailar.

(Villacidayo)

607. –Cigüeña reteña, - súbete a la peña,
que allí está tu abuela - comiendo ciruelas; (cascando ciruelas)
si no te las da, - échate a llorar.

(Villacidayo)

608. –Cigüeña reteña, - súbete a la peña,
que allí están tus hijos - pidiéndote pan,
que eres una tuna, - que no se lo das.

(Villacidayo)

609.   –Cigüeña reteña, - súbete a la peña,
que allí están tus hijos - pidiéndote pan,
que tú eres una tonta, - que no se lo das.

(Valdealcón)

610.   –Cigüeña retuerta, - los hijos a tu puerta
pidiéndote pan - y no se lo das.
La vaca cencerrina - comiéndote la harina;
la vaca cencerrón - comiéndote el turrón.
Tin, tin,
que tocan las campanas - en Villarín.
Ton, ton,
que tocan las campanas - en Villalón.

(Cubillas de Rueda)

611.   –Cigüeña ribeña, - súbete a la peña,
los hijos te se van - para Villamañán;
escribe una carta,
carta pequeña, - carta mayor,
mano derecha - de Nuestro Señor.

(Castrovega de Valmadrigal)

612.   –Cigüeña rupeña, - súbete a la peña,
los hijos te se van - para Villaselán.

(Herreros de Rueda)

613.   –La cigüeña, - por San Blas vendrá;
si no viniera, - mal año será.

(Palacio de Torío)

614.   Por Santa Eugenia, - viene la cigüeña.

(Villanueva del Árbol)

615.   En Santa Apolonia, - asoma la cigüeña.

(Se celebra el 9 de febrero. "Y marchan por San Lorenzo" –se nos dice.)
(Truébano de Babia)

EL CUCO

PREGUNTAS AL CUCO:

- *Por el cuidado del ganado:*

616. –Cucu, - rabo de arao,
¿cuántos años me das - pa ir con el ganao?

(Corporales)

617. –Cuquiello, rabiello, - rabo de cayao,
¿cuántos años me das - pa andar con el ganao?

(Quintana del Castillo)

618. –Maragato, pato, - rabo de cayao,
¿cuántos años me das - pa andar con el ganao?

(Quintana del Castillo)

- *Por la comida de la olla:*

619. –Cuquiello, - rabo de escoba,
¿quién te comió la olla?
–Tú, tú, tú, tú.[48]

(Nava de los Caballeros)

620. [Interpretación del canto del cuco por parte de los niños:]
–¿Quién te comió la olla?
–Tú, tú, tú, tú...

(Villacidayo)

- *Por la boda:*

621. –Cuchín del rey, - rabo de escoba,
¿cuántos años me das - de aquí a mi boda?

(Cuevas del Sil)

---

48 Mª Campos: 201.

622. –Cuclillo, - ramo de ovillo,
rabo de escoba,
¿cuántos años me das para la mi boda?

(Boisán)

623. –Cuco, cucriello, - pico de uviello,
rabo de escoba,
¿cuántos años me das - de aquí a la mi boda?

(Santa Colomba de Somoza)

624. –Cuco rabelo, - rabo de rola,
¿cuántos anos me das - para miña boda?

(Valtuille de Arriba)

625. –Cucrillo, - barbas de escoba,
¿cuántos años faltan - para la mi boda?

(Prioro)

626. –Cucu, cuquiello, - rabo de viello,
palo de escoba,
¿cuántos años faltan - para la mi boda?

(Murias de Rechivaldo)

627. –Cucu, cuquillo, - paliquín de escoba,
¿cuántos años faltan - para la mi boda?

(Geras)

628. –Cucu, cuquillo, - rabo de escoba,
dime cuántos años - faltan para mi boda.

(Huergas de Gordón)

629. –Cucu, - rabo de escoba,
¿cuántos años me das - pa la mi boda?

(Corporales)

630. –Cucuriello, - rabo de escoba,
¿cuántos años me das - pal día de mi boda?

(Villar del Monte)

631. –Cucurillo, - rabo de tomillo,
pata de escoba,
¿cuántos años me das - para mi boda?
–Cucú, cucú, cucú...

(Vegacervera)

632. –Cucurruquiello, - rabo de escoba,
cuántos años faltan - para mi boda.

(Pallide)

633. –Cuquelo del rey, - rabo de escoba,
sácame os anos - de eiquí a miña boda.

(Pereda de Ancares)

634. –Cuquichín del rey, - rabo de escoba,
dime cuántos años - faltan pa la mi boda.

(Sosas de Laciana)

635. –Cuquiello, rabiello, - rabo de escoba,
¿Cuántos años faltan - para el día de mi boda?
–Uno, dos, tres...

(Ábano)

636. –Cuquiello, rabiello, - rabo de escoba,
¿cuántos años me das - pa el día de la boda?

(Quintana del Castillo)

637. –Cuquiello, - rabo de escoba,
¿cuántos años me das - pa la mi boda?

(Valsemana)

638. –Cuquiello, - rabo de escoba,
¿cuántos años me quedan - para mi boda?
–Pecu, pecu, pecu...

(Soto de Valdeón)

639. –Cuquiello, - rabo de escoba,
llámame - pa tu boda.

(Prada de Valdeón)

640. –Cuquillo, - pico de tomillo,
rabo de escoba,
¿cuántos años faltan - pa la mi boda?

(Truébano de Babia)

641. –Curuquillo, - rabo de escoba,
¿cuántos años faltan - para mi boda?

(Morgovejo)

642. –Cucu, cuquiello, - rabo de escoba,
¿cuántos años me das - de aquí a la mi boda?

(Valsemana)

643. –Cucurruquiello, - rabo de cuchar,
cuántos años faltan - para poderme casar.

(Pallide)

● *Por el entierro:*

644. –Cuco rabelo, - rabo de relo,
¿cuántos anos me das - para meu enterro?

(Valtuille de Arriba)

645. –Cuco, cuquelo, - rabo de espadelo,
cuántos días me vas a dar - pal día de mi intierro.

(Paradaseca)

646. –Cucu, cuquelo, - rabo de ferro,
¿cuántos años - me das pal cielo?

(Pobladura de Somoza)

647. –Cucuriello, - rabo de rastriello,
¿cuántos años me das - pal día de mi entierro?

(Villar del Monte)

648. –Cuquelo, rabo de cutelo,
cuéntame os anos
de aquí al meu enterro.

(Pereda de Ancares)

649. –Cuquiello, - rabo de esquiello,
¿cuántos años me quedan - para mi entierro?
–Pecu, pecu, pecu...

(Soto de Valdeón)

EL CANTO DEL CUCO EN LOS MESES DE PRIMAVERA:

- *Mal en la garganta:*

650. Cuando el cuco no canta, - algo tiene en la garganta.

(Almanza)

- *Muerte o llegada de mal tiempo:*

651. Si el cuco no canta - el veinte de abril,
o el cuco se ha muerto - o mal tiempo va a venir.

(Villaverde de Arriba)

- *Enfermedad o muerte:*

652. Si el cuco no canta - el doce de abril,
el cuco está malo - o se va a morir.[49]

(Almanza)

- *Muerte o negación a la venida:*

653. Entre marzo y abril,
o cucu morto - non quere vir.

(Camponaraya)

---

49 Hernán Núñez recoge la siguiente fórmula rimada italiana: "A di tre de Abril, el cuco ha de venir, si el non vien
a li otto, o e preso, o morto." (Hernán Núñez: f. 3 r.).
"A tres de abril, el cuco ha de venir; y si a los ocho no es cierto, o él es preso o muerto." (Correas: 70)

654. Cuando el cuco no canta - en mayo o abril,
el cuco se ha muerto - o la fin quiere venir.[50]

(Alija del Infantado)

655. Cuando el cuco no canta - entre mayo y abril,
o el cuco está muerto - o la fin va a venir.

(Quintanilla de Losada. Villamejil)

656. Si el cuco no canta - en marzo o abril,
el cuco se ha muerto - o la fin va a venir.

(Castrocontrigo)

657. Si el cuco no canta - en marzo o abril,
o es que el cuco ha muerto - o la fin va a venir.

(Lucillo)

658. Si el cuco no canta - entre marzo y abril,
o el cuco se ha muerto - o la fin va a venir.

(Fontoria. Torneros de la Valdería)

659. Si el cucu no canta - entre marzo y abril,
el cucu se ha muerto - y la fin va a venir.

(Peñalba de Santiago)

660. Si no canta el cucu - en el mes de abril,
o es que ha muerto - o el fin va a venir.

(Priaranza de la Valduerna)

661. Si el cuco no canta - entre mayo y abril
o el cuco se ha muerto - o la fin quier venir.

(Losadilla)

---

50 "Entre mayo y abril, o viene el cuco o viene la fin." (Correas: 202)

662. Si no viene el cuco - entre mayo y abril
o se ha muerto el cuco - o no quiere venir.

(Espinareda de Ancares)

● *Muerte o servicio al rey:*

663. Si el cuco no canta - el veinte de abril,
o es que se ha muerto - o al rey fue a servir.

(Sosas de Laciana)

664. Si el cuco no canta - en mayo y abril,
el cuco se ha muerto - o al rey fue a servir.[51]

(Aralla)

665. Si no canta el cuco - entre mayo y abril,
el cuco se ha muerto - o al rey fue a servir.

(Orallo)

● *Otras:*

666. Entre marzo y abril, - sale el cuco del cubil.

(Puente Almuey)

667. Tantas veces canta en marzo - como calla en mayo.
(Se refiere al cuco.)
(Sésamo)

668. Vas a cantar menos - que el cuco en invierno.

(Sésamo)

---

51 "Entra mayo y sale abril: si no canta el cucubil, por muerto le recebid." (Correas: 200)

EL CUCO PONE EL HUEVO EN NIDO AJENO:

669.   Eres como el cucolillo, - pájaro que nunca anida,
pon el huevo en nido ajeno - y otro pájaro le cría.[52]

(Truébano de Babia)

670.   Ese pájaro cuquiello,
pájaro que nunca anida,
pone el huevo en nido ajeno
y otro pájaro lo cría.

(Renedo de Curueño)

671.   Quisiera ser como el cucu, - pájaro que nunca anida,
pone huevo en nido ajeno - y otro pájaro le cría.

(Herreros de Rueda)

672.   Soy de la opinión del cuco, - pájaro que nunca anida,
pone huevos en nido ajeno - y otro pájaro les cría.

(Cubillas de Rueda)

673.   Soy de la opinión del cuco, - pájaro que nunca anida,
pone un güevo en nido ajeno - y otro pájaro lo cría.

(Candín. Espinareda de Ancares)

674.   Te comparo con el cuco, - pájaro que nunca cría,
pone el huevo en nido ajeno - y otro pájaro le cría.

(Huergas de Gordón. Villaverde de Arriba)

675.   Tienes pinta de cuquillo, - pájaro que nunca anida,
pone el güevo en nido ajeno - y otro pájaro lo cría.

(Cuadros. Orallo)

---

52 Berrueta: 216.

EL CUCO, HOLGAZÁN:

676. [El hombre lo llamaba al cuco como obreiro a mallar. Y el cuco, como no
quería trabajar, le contestaba:]
–Se fai sol, teño que tar a sombra;
se ta nublado, teño que cucar;
pero, se chove, voiche a mallar.

(Con lo cual nunca iba, pues, cuando llueve no se puede mallar.)
(Candín)

677. [Un hombre llamaba al cuco para que majara el cereal. Y el cuco le
contestó:]
–Si hace sol, tengo que cucar;
....
si llueve, te ayudo a majar.

(Orallo)

ÓRDENES AL CUCO:

678. –Cuquiello, - vete a cantar pa la devesa.

(Sosas de Laciana)

EL GANSO

679. –¿De dónde vienes, ganso?
–De tierra garbanzo.
–¿Qué traes en el pico?
–Un cuchillito.
–¿Qué traes en el ala?
–Una cuchillada.
–¿Quién te la dio?
–La teja bermeja.
–¿Dónde está la teja?
–La tiró al agua.
–¿Dónde está el agua?

–La bebieron los bueis.
–¿Dónde están los bueyes?
–Trillando el pan.
–¿Dónde está el pan?
–Lo comieron las gallinas.
–¿Dónde están las gallinas?
–Poniendo huevos.
–¿Dónde están los huevos?
–Los comió el señor cura.
–¿Dónde está el señor cura?
–Diciendo misa.
–¿Dónde está la misa?
–Debajo la camisa.[53]

(Sahechores)

LA GOLONDRINA

PREGUNTA A LA GOLONDRINA:

● *Relación de dos hechos: barrido de la casa y estancia en el mar:*

680. –¿Cacíte, cacíte,
que la caza no barríte
cuando yo fui al mar
a ver a mis hermanitas casar?
–Tirríííííí...

(Villamejil)

681. –Cuchina, marrana,
¿qué hiciste,
que ni siquiera la casa barriste?

(Pobladura de Somoza)

---

53 Pelegrín: 195. ¿Dónde está el fuego, el agua?, 482-484.

682.   –¿Dónde estuvistes, mariquita,
mientras yo me fui a la mar,
que la casa no me la supistes arreglar,
mientras tus hijos fui a criar?
–Chirlí, chirlá.

(Villanueva del Condado)

683.   –¿Dónde fuistes,
que mi casa no facistes
mientras que yo fui al mar
por tres bolas de azafar.
–Chirrí, chi, chi, chí.

(Fresnedo de Valdellorma)

684.   –Folgaciana, folgaciana,
¿qué ficiste
mientras yo estuve en la mar?
–Tejí mi tela,
hice mi casa
para a mis hijos casar.[54]

(Pallide)

685.   –Fui al mar, volví del mar,
con tres varas de tendal;
y tú, cochina, marrana,
no me barriste el portal.
Chir, char; chir, char.[55]

(Olleros de Alba)

686.   –¡Fuiste a la India y volviste,
la cocina no barriste,
grandísima porconzona!,

---

54 "Hilandera, ¿qué hilaste, pues en marzo no curaste?" (Correas: 243)
    Rodríguez Marín I: núms. 125 y 126, 81.

55 Rodríguez Marín I: nº 129, 82.

¿qué fixiste?

(Orallo)

687. –Golondrina, ¿dónde fuiste
que la casa no barriste,
mientras yo fui a la mar?
–Hice cocina y hogar
para a mis hijos criar.
Chirrilíííí...

(Carbajal de Rueda)

688. –Golondrina, golondrina,
¿qué faciste,
que la casa no barriste,
mientras que yo fui al mar, volví,
traje una barita de tela
para mi mariquita remendar?
–Chirlar, chirlar.

(Valsemana)

689. –Golondrina, ¿tú qué hiciste,
que la casa no barriste?
–La casa no barrí, fui a buscar
el vestido para la niña
que se va a casar.

(Olleros de Alba)

690. ["Contaba mi madre a una niña que iba por agua, una nieta:"]
–Golondrina, ¿tú qué hiciste
que tu casa no barriste
mientras yo fui al mar,
hice casa, hice hogar,
para a mis hijos casar?
–Chirri, chirri, chirri.

(Verdiago)

691. –Golondrina, ¿tú que hiciste
que la casa no barriste

mientras fui al mar y volví
para a mi compañera casar?

(Cuadros)

692.   –Golondrina, ¿tú qué hiciste,
que la casa no barriste
mientras fui yo al mar
a por cien madejas
para tu hijo hilar?
–Chirlá, chirlá...[56]

(Villacidayo)

693.   –Golondrina, ¿tú qué hiciste,
que la casa no barriste
mientras que yo fui al mar
a buscar una cuchar
para mi hija casar?

(Villaobispo de Otero)

694.   –Golondrina, - ¿tú qué hiciste,
que la casa - no barriste
mientras yo fui - a Valladolid
y volví? - –Churrulí, churrulí.

(Ferreras)

695.   –Golondrina, ¿tú qué hiciste,
que la casa no barriste?
–Chirri qui chirri, qui chirri.

(Corporales)

---

56   "Hilanderas que hilastes, y en Marzo no curastes, fui al mar, vin del mar, hice casa sin hogar, sin azada sin
azadón, y sin ayuda de varón chirrichiz. / "El cantar de la golondrina. Contra las malas trabajadoras en hilar y
curar lienzos." (Hernán Núñez: f. 56 vto.)
"Hilanderas, ¿qué hicisteis o hilasteis, si en marzo no curasteis? –Fui al mar, vine del mar, hice casa sin hogar,
sin azada ni azadón y sin ayuda de varón; chirrizchizchiz / "Dicho y canto de la golondrina, reprendiendo
a las descuidadas, habiendo ella tanto hecho." (Correas: 243)
Frenk: nº 1910, 921.

696. −Golondrina, ¿tú qué hiciste,
que la casa no barriste
mientras yo fui al mar,
puse la tela en el telar
para mis hijitos?
−Chirlá, chirlá...

(Villacidayo)

697. −Golondrina, ¿tú qué hiciste,
que tu casa no barriste?
−Fui yo al mar,
hice casa, hice hogar,
para a mis hijos criar.
Chirlaaá...[57]

(Cubillas de Rueda)

698. −Holgazana, ¿tú qué hiciste,
que la casa no barriste?

(Saelices del Payuelo)

699. −Mariquita, cochinita,
¿tú qué hiciste,
que la casa no barriste?
−Fui al mar, vine del mar,
las cazuelas sin lavar.

(Villar del Monte)

700. −Mariquita, ¿tú qué hiciste,
que en mi casa no barriste?
−Fui al mar
a hacer una casa
para a tus hijos
poder criar.

---

57 "Fui a la mar, vine de la mar, hice casa sin hogar ni azadón, y sin ayuda de varón. / Chirrizchirriz de la
golondrina, y aplícase a los que se dan buena vida y van a fiestas y jornadas vanas, y pierden su labor y consumen
su hacienda; júntase este con el refrán: "Hilanderas que hilastes." (Correas: 220)

–Chirrilíííííí...

(Nava de los Caballeros)

701. –Mariquita, ¿tú qué hiciste, - que la casa no barriste,
mientras que fui a la mar - a buscar un telar
para a mi maridiño - vestir y calzar?
–Chirrichichichí…

(Pobladura de Pelayo García)

702. –Mariquita, ¿tú qué hiciste, - que la casa no barriste,
mientras yo fui al mar, - hice casa, hice hogar,
para a mis hijos criar?
–Chirrís, chis, chis.

(Valdealcón)

703. –Mariquita, ¿tú qué hiciste - que la casa no barriste
mientras fui yo al mar
por cien madejas - para a mi hijo dar?

(Sobre el canto de las golondrinas.)
(Villacidayo)

704. –Mariquita, ¿tú qué hiciste, - que la casa no barriste,
mientras yo fui al mar, - puse la tela en el telar
para mis hijitos? - –Chirlá, chirlá, chirlá...

(Villacidayo)

705. –Mariquita, ¿tú qué hicistes, - que la casa no barristes,
mientras que yo fui a la mar
a buscar los zapaticos - para mi hija casar?

(Santa Colomba de Somoza)

706. –Maruxina, maruxina,
que la casa no barriste.
–Fui al mar,
hice una camisina
para mi maruxina,
cachar, rrrrrrruuuuu.

(Lago de Omaña)

707. –¿Qué faciche, qué faciche, - que la casa no barriche,
mientras yo fui a la mar
a buscar un papelito - para mía filla casar.
–Chi, chirrichí.

(Murias de Rechivaldo)

708. –¿Qué hiciste, qué hiciste, - que la casa no barriste,
mientras yo fui al mar
por unos zapatitos - para mi abuela bailar?

(Lagunas de Somoza)

709. –¿Qué hicistes, marujita,
que la casa no barristes,
mientras que yo fui al mar
por unas gabuchitas
para ti bailar?
–Churrulí.

(Priaranza de la Valduerna)

710. –¿Qué tendiste,
que la casa no barriste,
mientras yo fui al mar
por cinco varas de tendal?
–Cherlí, cherlá.

(Alija de la Ribera)

711. –¿Tú qué hiciste, - guarraniche,
que la casa - no barriches?
–Fui al mar, - vin del mar.

(Corporales)

● *Invierno en casa del sastre:*

712. –Golondrina, - ¿dónde invernaste?
–En Galilea, - en casa de un sastre.

(Herreros de Jamuz)

713. ["Eso era cuando trinaban, lo decían al trinar; que decían eso; eso lo interpretaban cuando trinaban, que decían, cuando piaba la golondrina, cuando cantaba:]
Ya fui al monte, - atropé leña;
ya vine, - barrí la cocina;
y tú todavía
estás en la cama, - perezosiiiiina…

(Huerga de Frailes)

OTRAS:

714. Cuando la golondrina llega,
ya está aquí la primavera.

(Riaño)

715. Por San José, - todas las golondrinas vien.

(Villamoros de las Regueras)

716. Tengo unas vecinitas - madrugadoras,
me despiertan cantando - hacia la aurora.
Adivina, adivina,
las primeras cantoras - son las golondrinas.

(Truébano de Babia)

EL MILANO

717. –Al milano, ¿qué le dan? - –La tortilla con el pan.
–Si no le dan otra cosas, - las mujeres más hermosas.[58]

(Villaobispo de las Regueras)

---

58 E. M. Torner: 15.
   Pelegrín: 47.2a. Milano, 187-188.
   Bravo Villasante: 65.

718. Al milano, - tieso, quetetieso,
cebolleta, pan y queso,
no le daban otra cosa
más que su mujer esposa.
Toro, torojil, - iremos al jardín,
veremos al milano - comiendo perejil.[59]

(Villacidayo)

719. –Milano, tieso, quetetieso,
cebolleta, pan y queso,
no le daban otra cosa
más que a su mujer hermosa.
Iremos al jardín, - y al toro, torojil,
veremos al milano - comiendo perejil.
–¿Mariquita la de atrás?[60] - –Pase usté, mamá.

(Esta es la retahíla de un juego.)
(Cubillas de Rueda)

720. –Guarda los pollos, - que viene el milano.

(Riaño)

721. –Milano García,
que lleva los pollos - y deja la gallina.

(Valderilla de Torío)

722. –Milano García,
que llevas los pollos - y dejas las gallinas.

(Garrafe de Torío)

723. –Milano García,
que llevaste los pollos - a mi tía Lucía.

(Villaverde de Arriba)

---

59 Mª Campos: 206.

60 Hernández de Soto: nº 21, 91-92.
Pelegrín: 10.2. Diablo del Toronjil, "–Mariquita la trasera.", 90-93.

724. –Milano, milano, - súbete a la peña
y di a aquel pastor - que dé pa acá al sol
con la mano derecha - de Nuestro Señor.[61]

(Cubillas de Rueda)

725. –Quico berrico, - pastor de los pollos,
vino el milano - y comióselos todos.
Quico lloraba, - la zorra cantaba
y Quico decía: - –¡Así reventaras!

(Olleros de Alba)

726. –Quico Perico, - pastor de los pollos,
que viene el milano - y los lleva todos.

(Villamoros de las Regueras)

727. –Salir a pol ramo, - que vos lo lleva el milano.

(Alude al ramo de Nochevieja, de hiedra, que dejan los pastores en cada puerta, para pedir el aguinaldo.)
(Andiñuela)

LA PALOMA

728. Campo blanco, - respeluce todo el campo,
campo chiquito, - campo mayor,
la Virgen María - parió sin dolor.
–Levántate, José, - enciende la vela;
mira quién anda - por tu cabecera:
son los angelitos - que andan
carreras arriba, - carreras abajo,
encuentran un Niño - envuelto en un paño.
–¿De quién es este Niño? - –Es de María.
–¿Dónde está María? - –Fue con José.
–¿Dónde está José? - –Fue con San Pedro
a abrir y cerrar - las puertas del cielo.

---

61   J. Díaz: 116.

–Reclama, reclama, - la Virgen te llama;
el niño Jesús
está cansadito - de andar con la cruz.
Cien palomitas - nun palomar
suben y bajan - al pie del altar,
tocan a misa, - (a)laban a Dios.
besa la mano - a la Madre de Dios.[62]

(Quintana del Castillo)

729. Tres palomitas - en un palomar
suben y bajan - al pie del altar.

(Sahechores)

730. Tres palomitas - en un palomar
tocan a misa - y van a rezar.

(Santa Olaja de Eslonza)

731. Por el Puente Villarente,
palomas pasaron veinte.

(Puente Villarente)

732. Por el Puente Villarente
pasan palomitas veinte;
palomita una, palomita dos,
unas van con la Virgen
y otras van con Dios.

(Cuadros)

EL PATO

733. Cuando las ánsaras van para arriba,
pastorcito, buena vida.

(Villacidayo)

---

62   Pelegrin: 126.1. Maces (picar): 359.

734.   Si las ánsaras van pa arriba,
        pastorcito, buena vida;
        si las ánsaras van pa abajo,
        pastorcito, mucho trabajo.

(Cubillas de Rueda)
(Se trata en ambas fórmulas rimadas de indicios meteorológicos.)

LA URRACA

735.   Pega pegarata[63]
        puso un huevo en una mata,
        puso uno, puso dos, puso tres
        y puso el culo de al revés.

(Villanueva del Árbol)

736.   Tienes menos juicio
        que una pega en el rabo.

(Olleros de Alba. Villacidayo)

TRABALENGUAS SOBRE LA PEGA:

737.   Érase una pega mega,
        andorga, paliparda,
        ciega y sorda,
        si no hubiera sido
        pega, mega,
        andorga, paliparda,
        ciega y sorda,
        no hubiera criado los hijos
        megos, andorgos,
        palipardos,

---

63   «Volaba la pega y vaise, / ¡quem me la tomase!» [En: Gil Vicente, *Tragicomedia pastoril da Serra da Estrela.*]
     (Alín: 230)

ciegos y sordos.

(Villafalé)

738. La pega megandorra,
pintarrajona, ciega y sorda,
si no pusiera los güevos
megos, andorros,
sus hijos no saldrían
pegos, megos, andorros,
pintarrajones, ciegos y sordos.

(Herreros de Jamuz)

739. Una pega, mega, - indirga, indorga,
catalinieca, - ciega y sorda,
trajo los pegos, megos, - indirgos, indorgos,
cataliniecos, - ciegos y sordos.
Si no hubiera sido
la pega, mega, - indirga, indorga,
catalinieca, - ciega y sorda,
no hubiese traído
los pegos, megos, - indirgos, indorgos,
cataliniecos, - ciegos y sordos.

(Villamayor del Condado)

740. Yo tengo una pega, mega, - cegue, cíguili, gorda,
con siete pegos, megos, - cegue, cíguili, gordos,
mudos y sordos.
Si no hubiera sido - esa pega, mega,
cegue, cíguili, gorda, - muda y sorda,
no habría yo tenido - siete pegos, megos,
cegue, cíguili, gordos, - mudos y sordos.

(Olleros de Alba)

EL CARACOL

741. –Caracol, caracol, - saca los cuernos al sol.[64]

(Valtuille de Arriba)

742. –Caracol, caracol, - saca los cuernos al sol,
que tu padre y tu madre - también los sacó.[65]

(Prioro. Robledo de Babia)

743. –Caracol, col, col, - saca los cuernos al sol,
que tu padre y tu madre - también los sacó.

(Burgo Ranero. Olleros de Alba. Orallo. Palacio de Torío. Riaño. Santa Colomba de Somoza. Soto de Valdeón. Vegacervera. Villacidayo. Villafruela del Condado. Villamoros de las Regueras. Villanueva del Árbol. Villarmún)

744. –Caracol, col, col, - saca los cuernos al sol,
que tu padre y tu madre - ya lo sacó.

(Almanza. Cea. Ruiforco de Torío. Santibáñez de la Isla. Villaverde de Abajo)

745. –Caracol, col, - saca los cuernos al sol,
que tu padre y tu madre - también los sacó.

(Villasecino)

746. –Limaco, limaco,
saca los cuatro cuernos,
si no te mato.

(Truébano de Babia)

---

64 "Caracol, caracol, saca los cuernos al sol. / "Dicho de niños, buscándolos." (Correas: 106). "Sal, caracol, con los cuernos al sol. / "Dicho de muchachos al caracol, como los precedentes y viene a otros propósitos." (Correas: 441)
"El juego de *Caracol, col, col, / Saca tus hijuelos al rayo del sol.*" (Ledesma: 174-175)
Frenk: nº 2080 A, 2080 B y 2080 C, 1003-1004.

65 "Con el buen sol, estiende se el caracol." (Hernán Núñez: f. 26)
Rodríguez Marín I: nº 120, 80.
Torner: 53.
J. Díaz: 73.
Mª Campos: 201.

747. –Limaco, limaco,
saca los cuernos
y ponlos al sol.

(Pereda de Ancares)

748. –Sal, caracol, - sal, caracol,
y pon los cuernos al sol.

(Murias de Paredes)

LA CULEBRA, LA VÍBORA

749. –Arranca, arranca hierba, - que viene la culebra;
arranca, arranca ron, - que viene el culebrón.[66]

(Villacidayo)

750. [Un segador estaba echado, durmiendo, bajo un nogal, a la sombra. Y, en
ese momento, salió una culebra, con la que conversó la nuez, que le dijo:]
–¿Dónde vas, - larga y angosta?
–Donde vaya, - chica redonda.
–¿No callarás? - –No callaré,
al hombre despertaré,
a ti te matará - y a mí me comerá.[67]

(Cuadros)

751. [No oí más que eso, que estaba un hombre echando la siesta debajo de
un árbol y que vio a una culebra, y cayó una manzana y lo despertó. Que
le dijo:]
–¿Dónde vas, - larga y engosta?
–Cállate tú, - chiquita redonda.
–No, no callaré,
abajo bajaré - a él lo despertaré;
a ti te matará - y a mí me comerá.

(Truébano de Babia)

---

66 "Paci, paciyerba, / que canta la culebra; / paci, paciyerbón, / que canta el culebrón." (López de Guereñu: 173)

67 Torner: 74.

752. [El lagarto dice:]
–Yo, si pican, picaré
y, si no, quietito me estaré.
[Y la culebra dice:]
–Yo, picar, todo lo que pueda.

(Vega de Caballeros)

753. –¿Ónde vas, larga, - larguera, rastrera?
–¿Y a ti, puta colorada, - qué cuidao se te dará?
–Si yo cayese, - al hombre diese,
a ti matare - y a mí me comiese.

(Diálogo entre la manzana y la culebra.)
(Jiménez de Jamuz)

754. Picadura de anavión, - la pala y el azadón.

(*Anavión*: «Culebra de otra raza más pequeña».)
(Soto de Valdeón)

755. –Si te muerde una culebra, - busca camisa pa a terra.

(Pereda de Ancares)

756. –Si te pica el anavión, - prepara la pala y el azadón.
(*Anavión*: «Culebra de otra raza más pequeña».)

(Soto de Valdeón)

757. –Si te pica la colebra, - coge la campana y encuerda.
–Si te pica el escorpión, - coge el picu y l´azadón.

(Turcia)

758. –Si te pica la culebra, - busca camisa nueva.
–Si te pica el escolón, - busca pala y azadón.[68]
(*Escolón*: «Son como las culebras.»)

(Santa Colomba de Somoza)

---

68 "Si te muerde el escorpión, trayan la pala y azadón: si te muerde el alacrán, trayan la manta y el cabezal."
(Hernán Núñez: f. 120 r.)

759. −Si te pica la culebra, - medicina habrá pa ella.

(Cubillas de Rueda)

760. −Si te pica la culebra, - prepara la cruz y la vela.
−Si te pica el avión, - prepara la pala y el azadón.
(*Avión*: «Culebra, más delgada y más lisa».)

(Morgovejo)

761. −Si te pica un escolón,
busca pala y azadón.
(*Escolón*: «Son como las culebras.»)

(Santa Colomba de Somoza)

762. −Si te pica un lagarto, - suenan las campanas por alto
Si te pica un escorpión, - busca pala y azadón.
Si te pica una sacabera, busca pala y cera.
Si te pica una culebra, - ....

(Genestosa)

763. Picadura de lagarto, - las campanas en el alto.
Picadura de culebra, - la pala y la azuela.
Picadura de escorpión, - la pala y el azadón.

(Oville)

EL LAGARTO

764. [El lagarto dice:]
−Yo, si pican, picaré - y, si no, quietito me estaré.
[Y la culebra dice:]
−Yo, picar, todo lo que pueda.

(Vega de Caballeros)

765. En febrero, - el lagarto por los linderos.

(Villacidayo)

766. Lagarto, borracho, - metío en un cacho,
salta paredes - y engaña mulleres.
(Para hacer salir al lagarto de su escondite.)

(Villar del Monte)

767. –Lagarto, lagarto, - lagarto, mamón,
que mamaste las cabras - de mi tío Ramón.

(Villanueva del Condado)

768. –Lagarto, lagarto, - lagarto, mamón,
ven a salvarme,
que la mala culebra - quiso picarme.

(Saelices del Payuelo)

769. –Lagarto, lagarto,
si no me dices la verdad - te parto.
(Fórmula para sortear en los juegos: quien la dice, se pone saliva en la
mano, le da un golpe con el canto de la otra y al que está en la dirección
en que va la saliva le toca.)

(Villanueva del Árbol)

770. –Lagarto, marto,
sal, que te parto.

(Con la utilización de saliva en una mano, golpeada con el canto de la otra.)
(Renedo de Curueño)

771. –Lagarto, mamón,
que mamaste las cabras - del lago Turón.

(“Eso decíamos los chavales, jugando, cuando jugábamos y cuando eso, sí, eso sí, también.”)
(Llombera)

772. Lagarto pinto
vendió la vaca - en veinticinco.
–¿En qué lugar? - –En Portugal.
–¿En qué calleja?

–Agárrate, niño, - a mis orejas.[69]

(Chozas de Arriba)

773. Picadura de culebra, - medicinas para ella.
      Picadura de lagarto, - las campanas en el alto.
      Picadura del avión, - pico, pala y azadón.

      (*Avión*: «Culebra brillante y corta."）
      (Riaño)

774. –Sal, lagarto, sal, - que te voy a dar un real.

      (Santa Marina de Somoza)

775. –Si te pica un lagarto, - toca las campanas por alto.

      (San Pedro de Luna)

LA LAGARTIJA

776. Picadura de lagartesa, - la sábana y la mesa.
      (*Lagartesa*: «Lagartija».)

      (Soto de Valdeón)

PARA HACER SALIR A LA LAGARTIJA DE SU ESCONDRIJO EN LA TIERRA

777. –Lagartija muerta, - sal de tu puerta,
      que viene tu marido - cargado de trigo.

      (Corporales)

778. –Lagartija tuerta, - sal a tu puerta,
      que está tu marido - temblando de frío.
      ¡Que le den, que le den - con el rabo en la sartén!

      (Boisán)

---

69 Hernández de Soto: nº 28, 95.

779. –Lagartija, sal,
que tu padre y tu madre
te comen la sal.

(Orallo)

780. –Lagartija, sal, - sal, lagartija,
que viene tu marido - con un vestido de seda fina.

(Morgovejo)

781. –Lagartija, sal al sol, - que te llama tu señor
para darte una sábana redonda
para hoy, para mañana - y para toda la semana.[70]

(Orallo. Villafeliz de Babia)

782. –Lagartija, sal al sol, - que te llama tu señor,
que te quiere regalar - una saya de color.

(Truébano de Babia)

783. –Lagartijina, sal,
que tu padre y tu madre - te quieren matar
y nosotros, como amigos, - te venimos a salvar.

(Sosas de Laciana)

784. –Lagartixa, caldeireira,
ama do cura,
saca a verdura.

(Pobladura de Somoza)

785. –Sai, sa lagarta, sai, - que tu padre vai no sal,
tua madre na camareta - y ahora vaiche da la teta.

(Candín)

786. –Sai, sa lagarta, sai, - que tu padre vai no sal
y a tua madre na carreta, - cuando veña dache a teta.

(Pereda de Ancares)

---

70 Bravo Villasante: 61.

787.   –Sal, lagarta, sal, - sale al sol,
que tu padre y tu madre - también salió.[71]

(Pereda de Ancares)

788.   –Sal, lagartija, sal - a la puerta del corral,
que tu padre y tu madre - fueron a buscar sal.

(Quintanilla de Losada)

789.   –Sal, lagartija, sal,
que tu madre te está esperando - a la puerta del corral.

(Quintanilla de Losada)

790.   –Sal, lagartija, sal,
que viene tu marido - con un puñado de sal.
¡Sal, sal, sal!

(Prioro)

791.   –Sal, lagartija, sal,
que vienen de misa - y te comer la sal.

(Olleros de Alba)

792.   ["Andábamos a lagartijas, por las paredes, y entonces estabas con la
chamatina pa poderla pescar y romperle el rabo. Y estábamos todos tan
callaos:"]
–Sal, lagartija, sal, - que tu padre está en el mar
y tu madre en la carreta,
los gochos de Catalina - te están comiendo toda la harina.

(Montrondo)

793.   –Sal, lagartija, sal,
que tu padre y tu madre - te comen la sal.

(Huergas de Gordón)

---

71   "Sal, lagartija, que matan a tu hija; sal al sol, sal, que la llevan a quemar. / Dicen esto los chiquillos, buscando
lagartijas entre las peñas." (Correas: 442)
Frenk: nº 2081, 1004.

794. –Sal, lagartija, sal,
que tu padre y tu madre - te están comiendo la sal
y los gochos de Catalina - te comen la harina.

(Fórmula recitada para hacer salir a las lagartijas de sus guaridas en la tierra.)
(Murias de Paredes)

795. –Sal, lagartija, sal,
que vienen los muertos - y te comen la sal.

(Geras)

796. –Sal, lagartijina, sal,
que tu padre y tu madre
te están comiendo el sal
del pedrecal.

(Orallo)

LA RANA

797. Estaba la rana - en el medio del suco,
vino el sapo - y le cascó un chucho.
La rana le dice: - –Preñada me quedo.
Y el sapo le dice: - –De un buen caballero.
Y el sapo le dice: - –Voy a Madrid.
Y ella le dice: - –Pues tráeme un mandil.
Y el sapo le dice: - –¿De qué color?
–De seda verde, - de la mejor.

(*Suco*: Surco. *Chucho*: Beso.)
(Candín)

798. La rana que canta en marzo, - en abril se la hiela el rabo.

(Villacidayo)

799. La rana que en marzo canta - algo tiene en la garganta.

(Magaz de Cepeda)

800. La rana que en marzo cantó, - en abril y mayo el rabo se la heló.

(Villacidayo)

801. –Sana, pupa, sana - con ancas de rana:
si no sanas hoy, - sanarás mañana.

(Villamor de Órbigo)

802. –Sana, sana - con unto de rana:
si no sanas hoy, - sanarás mañana.

(Villanueva de Jamuz)

803. –Sana, sana, - culito de rana;
si no sanas hoy - sanarás mañana.[72]

(Almanza. Cembranos. Felmín. Palacio de Torío. Quintana del Castillo. Villa de Soto. Villacidayo)

804. –Sana, sana, - culo de rana,
si no sanas hoy - sanarás mañana.

(Villanueva del Árbol)

805. –Sana, sana, - mal de rana,
si no sanas hoy - sanarás mañana.

(Cuadros. Valsemana)

806. Si en marzo canta, - viene abril que la acallanta.

(«Porque llueve».)
(Torneros de la Valdería)

72　"Sana, sana, culo de rana, tres pedos para hoy y tres para mañana. / Salmo de muchachos que dicen a otro escupiéndolo en lo herido y burlando." (Correas: 443)
Rodríguez Marín I: nº 59, 66.
Bravo Villasante: 64.
J. Díaz: 24.

EL SAPO

807. Cuando canta el sapo,
el agua al papo.

(Valle de Vegacervera)

808. El gaitero mató un sapo, - ya le llevan a enterrar,
ya pueden los chicos, madre, - el miserere entonar.
Ay, la, ay, la, - ay, la, la, la, la, la.
Ya pueden los chicos, madre, - el miserere entonar.

(Villaturiel)

809. Encima un teso - había un sapo,
fue una sapa - y le dio un beso,
dijo el sapo: - –Voy a Madrid.
Dijo la sapa: - –Tráeme un mandil.
–¿De qué color?
Y dijo la sapa: - –De verde amor.

(Villanueva de Jamuz)

810. Estaba la rana - sentada en un tesu,
vino un sapu, - diole un besu.
Dijo el sapu: - –Vamus a misa.
Dijo la rana: - –No tengu camisa.
Dijo la rana: - –Yo tengu unas bragas.
Dijo el sapu: - –Están cagadas,
vete a laválas, - cocha marrana.

(Villamejil)

811. Estando la sapa - en su teso,
vino el sapo, - la dio un beso.
Fue a Madrid - por un mandil,
¿para qué?
–Pa tapar - el perejil.

(Carbajal de Rueda)

812. ¡Pli, plao! - –Sal de mío plao.
–¿Vamos a misa? - –No tengo camisa.

–Tengo yo dos.
–Dame a mí una. - No tengo ninguna.

(Fórmula que se le dice al sapo.)
(Villar del Monte)

LA SALAMANDRA

813. Si te pica la vaquiruela - prepara una pala y una vela.[73]
(*Vaquiruela*: Salamandra.)

(Villacidayo)

EL ESCORPIÓN

814. Mordedura de alacrán, - no vuelves a comer más pan;
mordedura de escorpión, - coge la azada y el zadón.
(Villar del Monte)

815. Mordedura de escorpión, - busca pala y azadón.
(Cuadros)

816. Picada de escorpión, - la pala y el azadón.
(Villaverde de Arriba)

817. Picada del escorpión, - la pala y el azadón.
(Prioro)

818. Picadura de escorpión, - busca la pala y el azadón.
(Corporales)

819. Picadura de escorpión, - prepara la pala y el azadón.
(Villaverde de Arriba)

---

73 "Al que muerde la salamanquesa, al tercer día le hacen la huesa " (Hernán Núñez: f. 7 v.).

820. Picadura de escripión, - coge pala y azadón.

(Santibáñez del Bernesga)

821. –Si te muerde el alacrán, - busca vino, busca pan,
que mañana te enterrarán.

(Pereda de Ancares)

822. –Si te pica el alacrán, - prepara el vino y el pan.

(Camponaraya)

823. –Si te pica el escorpión, - amaña la pala y el azadón.

(Villanófar)

824. –Si te pica el escorpión, - busca pala y azadón.

(Cospedal)

825. –Si te pica el escorpión, - busca la pala y el azadón.

(Valtuille de Arriba)

826. –Si te pica el escorpión, - coge pala y azadón;
si te pica la culebra, - por melecinas a la Puebla.

(Alude a Puebla de Sanabria.)
(Quintanilla de Losada)

827. –Si te pica el escorpión, - prepara la pala y el azadón.[74]

(Huergas de Gordón. Puente Almuey. Saelices del Payuelo. Villacidayo)

828. –Si te pica el escorpión, - prepara la pala y el azadón
y a parar al Majadón.

(*Majadón*: Lugar en que se halla el cementerio en esta localidad.)
(Santa María del Condado)

829. –Si te pica el escorpión, - prepara pala y azadón.

(Garrafe de Torío)

---

74 "Si te muerde el escorpión, trayan la pala y azadón: si te muerde el alacrán, trayan la manta y el cabezal."
(Hernán Núñez: f. 120 r.)

830. –Si te pica la martica, - busca pala y azadica;
si te pica el escorpión, - busca pala y azadón.

(*Martica*: «Como la garduña, más pequeñita.»)
(Truébano de Babia)

831. –Si te pica o escorpión, - busca pala e azadón.
–Si te pica a donicela, - busca camisa pa a terra.

(*Donicela*: Comadreja.)
(Pobladura de Somoza)

832. –Si te pica un alacrán, - compra vino y compra pan,
que mañana te enterrarán.

(Por la costumbre de dar un banquete la familia, cuando muere alguien.)
(Villamejil)

833. –Si te pica un escorpión, - coge la pala y el azadón.

(Murias de Rechivaldo)

CIERTOS ANIMALES VENENOSOS CARECEN DE ALGUNOS SENTIDOS

834. Si el liso oyera - y la víbora viera
no habría - quien al campo saliera.

(Villanófar)

835. Si el liso viera - y la culebra oyera,
no habría hombre ni mujer - que al campo saliera.

(Huergas de Gordón)

836. Si el liso viera - y la víbora oyera.
no hubiera hombre - que al campo saliera.

(Villar del Monte)

837. Si el topo viera - y el escorpión oyera,
no había bicho en el mundo - que viviera.

(Quintanilla de Losada)

EL LOBO, LA ZORRA

838. Cuando el lobu sale al fatu, - pobre del que tiene cuatru.

(*Fatu*= rebaño)
(Barrio de la Puente)

839. Entre Corpus y la Ascensión, - las lobas paridas son.

(Cuadros)

840. La zorra rabilera,
harta de migas - va caballera.[75]

(Olleros de Alba)

841. Por la Ascensión, - las lobas paridas son;
y las que no, - reventarán de corazón.

(Cármenes)

842. Quico borrico, - pastor de los pollos,
vino la zorra, - zampóselos todos.
Quico lloraba, - la zorra cantaba;
Quico decía: - –¡Si reventaras!

(Riaño)

843. Quico, Requico, - pastor de los pollos,
vino la raposa, - llevóselos todos.
Quico lloraba, - la zorra cantaba
y Quico decía: - –¡Así reventaras!

(Murias de Rechivaldo)

---

75 "Raposica artera, harta de sopas y bien caballera." (Hernán Núñez: f. 114 vto.)
"Raposita artera, harta de sopas y bien caballera." y "Raposita artera, harta vas y caballera." (Correas: 432)
Frenk: nº 2094ª y 2094 B, 1009.

844.   Sabe más el zorro por viejo que por zorro.

(Villaverde de Arriba)

EL GALLO. LA GALLINA

EL CANTO DEL GALLO Y SU INTERPRETACIÓN:

845.   Cada gallo canta en su muladar.[76]

(Matadeón de los Oteros. Villacidayo)

846.   El gallo que no canta [Gallo que no canta]
algo tiene en la garganta.

(Getino. Olleros de Alba)

847.   Que cante el gallo, - que cante la gallina,
hasta que no rozne el burro - no viene el día.

(Barrios de Gordón)

848.   [La pita, cuando pone, canta:]
–¡Cácaca, cácaca, cácaca!
¡Tanto, tanto, tanto poner
y andar descalzas!
¡Pues, pues, pues por eso!
[A lo que contesta el gallo:]
–¡También yo ando, caramba!

(Orallo)

849.   [Interpretación del canto del gallo, en la que intervienen, por este orden,
el propio gallo, los judíos y la oveja, a la que vuelven a replicar los judíos:]
–¡Cristo nació!
–¿Adónde?

---

76 "Cada gallo, en su muladar." (Hernán Núñez: f. 22 r.)

   "Cada gallo canta en su muladar." (Correas: 99)

   "Cada gallo canta en su muladar" y "Oyó el gallo cantar, y no sapo en qué muladar." (Covarrubias: 289, 625)

–En Belén.
–¡Ay, ovella,
cazcarrosa,
mentirosa,
que nació
en Jerusalén!⁷⁷

(Corporales)

850. [Interpretación del canto del gallo, en la que intervienen, por este orden,
el propio gallo, los judíos y la oveja:]
–¡Cristo nació!
–¿Adónde, adónde?
–¡Belén, Belén!

(Pobladura de Somoza)

851. [Interpretación del canto del gallo, en la que intervienen, por este orden,
el propio gallo, los judíos y la oveja:]
–¡Cristo nació!
–¿Adónde, adónde?
–¡En Belén, en Belén!

(Candín)

852. [Interpretación del canto del gallo, en la que intervienen, por este orden,
el propio gallo, la oveja y los judíos, que mienten:]
–¡Cristo nació!
–¡En Belén!
–¡Calla, cazcarra,
que nació en Granada!

(Pereda de Ancares)

853. [Interpretación del canto del gallo, en la que intervienen, por este orden,
el propio gallo, la oveja y la cabra que le replica a esta última:]
–¡Cristo nació!
–¡En Belén!
–Calla tú, - oveja borrada,

---

77 Alfonso Reyes: 191.
    Pelegrín: 194. Kikirikí dice el gallo, 480-482.

que Cristo nació en Granada.

(Herreros de Jamuz)

854. [Interpretación del canto del gallo, en la que intervienen un gallo que
habla y otro que le replica:]
–¡Cristo nació!
–¿En dónde?
–¡En Belén!
–¿Quién te lo dijo?
–Yo que lo sé.

(Villar del Monte)

855. [Interpretación del canto del gallo, en la que interviene un gallo y le
replica una oveja:]
–¡Kikirikí!
–¡Cristo nació!
–¿En dónde?
–¡En Belén!
–¡Calla tú,
cazcarra,
que nació en Granada!⁷⁸

(Orallo)

856. [Diálogo entre dos gallos, que presienten que los van a buscar para
sacrificarlos, para la comida de la fiesta.]
–¡Ya vien Biforcos!
–¡Tristes de nos!

(Quintanilla de Losada)

QUICO Y LA ZORRA O EL MILANO:

857. Pepe, Repepe, - pastor de los pollos,
vino la zorra - y llevóselos todos.
Pepe lloraba, - la zorra cantaba.

---

78 "El juego de *Quiquiriquí*; / *Calla, bobo, que no es para ti.*" (Ledesma: 167)

Pepe decía: - –¡Si reventaras!

(Orallo)

858. Quico borrico, - pastor de los pollos,
vino la zorra, - se los comió todos.
Quico lloraba, - la zorra cantaba,
Quico decía: - –¡Así reventaras!

(Villacidayo)

859. Quico borrico, - pastor de los pollos,
vino la zorra, - se los llevó todos.
Quico lloraba, - la zorra cantaba
y Quico decía: - –¡Ojalá reventaras!

(Cuadros)

860. Quico Perico, - pastor de los pollicos,
vino el milano - y se los llevó todicos.
Quico decía,
Quico cantaba: - –Tú reventarías.

(Villanueva del Árbol)

861. Quico borrico, - pastor de los pollos,
vino la zorra - y comióselos todos.
Quico lloraba, - la zorra cantaba
y Quico decía: –¡No reventara!

(Villar del Monte)

862. Quico borrico, - pastor de los pollos,
vino la zorra - y se los llevó todos.
Quico lloraba, - la zorra cantaba
y Quico decía: - –¡Ay, mi pollada!

(Prioro)

863. –Quico Perico,
cuando mates el gallo, - guárdame el pico.

(Villamoros de las Regueras)

LA GALLINA Y LOS POLLOS:

864.   Milano García,
que lleva los pollos - a Santa Lucía.

(Villanueva del Árbol)

865.   Por las vendimias, - vende tus gallinas;
por Navidad, - vuélvelas a comprar.

(Palanquinos)

866.   Por una cuesta arriba
iba una gallina
con cien pollos,
iba diciendo:
–[Chasquido] Arre, pájaras pintas,
[chasquido] arre, píntaras pájaras,
[chasquido] arre, pájaras pintas,
[chasquido] arre, píntaras pájaras,
[chasquido] arre, pájaras pintas,
[chasquido] arre, píntaras pájaras...

(Hay que realizar alternativamente y sin respirar la enunciación alternante de los versos, hasta
que, por la falta de aire, se caiga en el enredo del trabalenguas.)
(Jiménez de Jamuz)

867.   Si quieres buena gallina,
échala en San Juan
y sácala en Santa Marina.

(Orallo)

868.   –Tengo una gallina
pinta, perlinta, perlizanca
y toda repitiblanca,
que tiene unos pollitos
pintos, perlintos, perlizancos
y todos repitiblancos.
Pero si la gallina no fuera
pinta, perlinta, perlizanca
y toda repitiblanca,

no tendría unos pollitos
pintos, perlintos, perlizancos
y todos repitiblancos.

(Laguna Dalga)

EL PERRO

869. Tres de cachorro; - tres de buen perro;
tres de holgazán; - y tres de zampeiro.

(Las fases de la vida del perro.)
(Lucillo)

EL GATO

870. ¡Ay, Mundo, Mundo,
cómo nos vas llevando
uno a uno, dos a dos y tres a tres
los torreznicos de la sartén.

(En el velatorio del marido muerto, la mujer ve cómo el gato va sacando las tajadas de la sartén
que ella tiene escondida bajo el escaño, mientras finge dolor por el marido.)
(Saelices del Payuelo)

871. Don Melitón - tenía tres gatos,
que les hacía - bailar en un plato
y por las noches - les daba turrón.
¡Vivan los gatos - de Don Melitón!

(Orallo)

872. ["Hay otro que dice la gata al gato, cuando anda en celo, que dice:"]
–Mateuuuuuu, - ¿cuándo me compras un traje?
["Y salta el gato y le dice:"]
–Pa mayuuuuu.
–Pa mayu, no.

["Que es cuando están en celc."]

(Huerga de Frailes)

LA OVEJA

873. Antes, en febrero, - el cacín era caballero
y ahora, en marzo, - va para el macho
de los pellejeros.

(Villacidayo)

874. –Corderín.
–Beeeeehhhhh.
–¿Dónde está madre?
–A pacer.
–¿Y si la comen los lobos,
qué vas a hacer?
–Perecer, perecer, perecer.

(Prioro)

875. –Corderina,
¿dónde fue tu madre?
–A pacer.
–¿Y si la come el lobo?
–Padecer, padecer, padecer.

(Valdealcón)

876. –Corderito, corderito,
¿tú por qué berras?
–Porque mi madre fue a pacer
–¿Y si la comen los lobos,
tú qué haces?
–Padecer, padecer.

(Olleros de Alba)

877. Cuando el cuervo corvea, - el lobo a la oveja rodea;
cuando el águila silba, - ya está cogida.

(Portilla de Luna)

878. Enero las quita el sebo, - febrero las descoyunta,
ellas mueren en abril - y a marzo le echan la culpa.[79]

(Se refiere a las ovejas)
(Villacidayo)

879. Enero me roba el sebo, - febrero me lo chupa,
después el pobre de marzo - paga la culpa.

(Lo dice la oveja)
(Villacidayo)

880. Enero - quita el sebo al carnero;
febrero, la pulpa;
y el pobre de marzo - paga la culpa.

(Magaz de Cepeda)

881. Enero - quita el sebo al carnero;
febrero se le chupa; - y el pobre marzo paga la culpa.

(Villahibiera)

882. La oveja acierta,
debajo de la pata - saca la hierba.

(Huergas de Gordón)

883. La oveja rebatida,
debajo de la pata - saca la comida.

(Portilla de Luna)

884. Marzo marzueco,
déjame un corderico - para Marueco.

(San Bartolomé de Rueda)

---

79 “Enero las quita el sebo, hebrero las esculca y marzo tiene la culpa. / Las ovejas, quesos.” (Correas:191)

885.   –Sácame de marzo, - méteme en abril,
que aunque sea en mayo - me he de morir.

(Lo dicen las ovejas.)
(Villacidayo)

886.   Si quieres conservar tú ovejas mil
líbralas de las heladas de marzo - y de los rocíos de abril.

(Villacidayo)

887.   Tengo, tengo, tengo, - tú no tienes nada,
tengo tres ovejas - en una cabaña:
Una me da leche, - otra me da lana
y otra, mantequilla - pa toda la semana.[80]

(Villacidayo)

888.   Vale más monte roído - que soto florido.

(Para las ovejas.)
(Villacidayo)

889.   [Conversación, al oscurecer, entre la oveja y el cordero. Le dice este a su
madre:]
–Vamos, madre, pa casa,
que ya es noche.
[Y le contesta la oveja:]
–Raponcar, raponcar,
raponcar otro poquín,
que mañana choverá o nevará
o sabe dios o que fará.

(Y, claro, tanto apurar, se comió el lobo al cordero.)
(*Raponcar*: Pastar o pacer.)
(Pobladura de Somoza)

---

80   Mª Campos: 202.

LA CABRA

890. La cabra de mi vecina - da más leche que la mía.

(Matadeón de los Oteros)

891. Tengo una cabra
lériga, pelériga, - collárico, cornuda
con los cuernos - garrapitudos.
Si no fuera lériga, pelériga, - collárico, cornuda
con los cuernos - garrapitudos,
no tendría hijos
lérigos, pelérigos, - collárico, cornudos
con los cuernos - garrapitudos.

(Villamayor del Condado)

LAS CABRAS DE JUAN PANDERO:

892. Las cabras de Juan barbeiro - todas van por un sendeiro,
no siendo la más chiquita, - que es la que lleva el cencerro.
Los gatos van por las vigas - comiendo las longanizas,
van comiendo las más grandes - y dejando las más chicas.
Juan barbeiro me afeitó - y este pelo me dejó.
¡Oh, malhaya Juan barbeiro, - qué largo me dejó el pelo!
(Fórmula que se recita cuando un adulto sostiene en sus rodillas a un
niño pequeñito y con el dedo índice le va trazando círculos en torno de
su cara, cada vez más deprisa, hasta que llega un momento en el que le
hace cosquillas en el cuello.)

(Orallo)

893. Las cabras de Juan Barbero - todas van por un sendero,
la blanca lleva la esguila - y la negra lleva el cencerro.

(Valsemana)

894. Las cabras de Juan Pandero - todas van por un sendero.

(Garrafe de Torío. Valderilla de Torío. Villaverde de Arriba)

895. Las cabras de Juan Pandero - todas van por un sendero,
la grande lleva un collar - y la pequeña un cencerro.
Mira qué guapina soy, - mira cué barbitas tengo.

(Juego infantil: Los niños en corro ponen una mano con los dedos unidos hacia arriba, juntas las yemas. El que recita la fórmula tiene una «cobertera» (tapadera de cazuela o puchero) y, al terminar de recitarla, exclama: «Uh, uh, uh...», y da un golpe con la cobertera en las yemas del niño que se haya descuidado.)
(Morgovejo)

LA VACA

[LAS PRESENTES FÓRMULAS RIMADAS SUELEN RECITARSE EN LOS JUEGOS DE LOS NIÑOS, CUANDO ECHAN A SUERTES.]

896. Din, don, - vacarón,
vacas vienen - de León;
de León a - Villavente,
cuchilladas - en la frente.
Tú por tú, - que salieras tú
por la puerta - de Mambrú.[81]

(Garfín)

897. Din, don, - vocarón,
vacas vienen - de León,
todas vienen - embarcadas
menos la - vaca mayor
que traía el -cencerrón.

(Santa María del Condado)

898. Don, don, - vacarón,
vacas vienen - de León,

---

81 P. Morán (1924): 12.

todas vienen - embarcadas
menos la - vaca mayor.

(Cubillas de Rueda)

899.	El buey y la mula,
la laguna.

(Villacidayo)

900.	Tin, ton, vacarón,
vacas vienen de León;
todas vienen en vacada,
menos la vaca mayor.

(Valdealcón)

901.	Un dindón, vacas son,
vacas vienen de León,
todas vienen de León.
Manzana pocha,
las tres y la mocha;
manzana podrida,
las tres y salida.

(Villaturiel)

902.	Vale más soto roído - que monte florido.

(Para las vacas.)
(Herreros de Rueda)

EL CERDO

903.	[“Es igual que la cerda cuando estaba salida… Y le decía al amo, le decía:”]
–Ponme al verraco.
[“Y le decía el amo:”]
–Hoy no, mañana.
–Oyg, oyg, oyg, oyg…
[Respuesta imitando el gruñido de la cerda.]

(Huerga de Frailes)

904. El que mata el gorrino
antes de San Martino
es un ruin vecino.

(Mansilla del Páramo)

LAS CABALLERÍAS

905. ["Iba un hombre, con el burro cargado, por el camino hacia casa, y decía:"]
–¡Arre, burro, que te mato!
["La raposa, que lo oyó, lo fue siguiendo hasta su casa, pensando hacerse con el botín. Pero el hombre lo descargó y lo metió en la cuadra. Y la raposa dijo:"]
–¡De pico,
mata el arriero al borrico!

(Millaró)

906. Por aquí pasa la pulga;
por aquí, el piejo;
arre, burro viejo.

(Villaturiel)

907. Yo tengo una pollina
pitrinca, pirlanca, - pilililiblanca;
si la pollina
pitrinca, pirlanca, - pilililiblanca
se muriera,
¿qué harían los pollinos
pitrincos, pirlancos, - pilililiblancos?

(La Majúa)

4.

EL SER HUMANO

LA DURACIÓN

DURACIÓN DE LA VIDA DEL HOMBRE:

908. Tres años dura una sebe;
tres sebes dura un perro;
tres perros dura un caballo;
y tres caballos, un dueño.[82]

(Valderilla de Torío)

909. Tres años dura una sebe;
tres sebes, un perro;
tres perros, un burro;
tres burros, un hombre.

(Santibáñez del Bernesga)

910. Tres años, una sebe;
tres sebes, un perro;
tres perros, un burro;
y tres burros, un amo.

(Santa María del Condado)

911. Tres años, una sebe;
tres sebes, un perro;
tres perros, un caballo;
tres caballos, un hombre.

(Corporales)

912. ["¿Usted sabe lo que es un cierro, una sebe de esas, que nosotros
llamamos?"]
Pues eso dicen que dura tres años.
Un perro, tres sebes.
Un burro, tres perros.

---

82 "Tres años un cesto, tres cestos un can, tres canes un caballo, tres caballos un hombre, tres hombres un elefante.
/ Entiende vive y dura; larga vida de un elefante se me hace. Otros dicen: "Tres años un seto." (Covarrubias:
488)

Y un hombre, tres burros.
La vida del hombre.

(Valsemana)

913. Una sebe dura tres años;
un perro, tres sebes;
un caballo, tres perros;
y el hombre, tres caballos.

(Villaverde de Arriba)

914. Una sebe vive tres años;
un perro, tres sebes;
un caballo, tres perros;
y un hombre, tres caballos.

(Garrafe de Torío)

DURACIÓN DE LAS HORAS DEL SUEÑO:

915. Una hora duerme el gallo;
dos, el caballo;
tres, el santo;
cuatro, el que no es tanto;
cinco, el capuchino;
seis, el agustino;
siete, el caminante;
ocho, el estudiante;
nueve, el gorrino;
diez, el pollino;
once, el muchacho;
doce, el borracho;
y el perro y el gato
duermen cada rato.[83]

(Gallegos de Curueño)

---

83 Pelegrín: 193. Una hora duerme el gallo, 479-480.

916. Una hora duerme el gallo;
dos, el caballo;
tres, el santo;
cuatro, el que no es tanto;
cinco, el capuchino;
seis, el agustino;
siete, el estudiante;
ocho, el caminante;
nueve, el gorrino;
diez, el pollino;
once, el borracho;
doce, el muchacho;
y el perro y el gato
duermen cada rato.

(Villamayor del Condado)

917. Una hora duerme el gallo;
dos, el caballo;
tres, el santo;
cuatro, el que no es tanto;
cinco, el estudiante;
seis, el caminante;
siete, el muchacho;
y ocho, el borracho.

(Villanueva del Árbol)

918. Una hora duerme el gallo;
dos, un caballo;
tres, un santo;
cuatro, el que no es tanto;
cinco, un caminante;
seis, un estudiante;
siete, un marqués;
ocho, el que no lo es...

(Santa Olaja de Eslonza)

919. Una hora duerme el santo;
dos, el que no es tanto;

tres, el matutino;
cuatro, el libertino;
cinco, la buena casada;
seis, la mal gobernada;
siete, el practicante;
ocho, el estudiante;
nueve, el muchacho;
diez, el borracho;
once, el pollino;
doce, el gochino.

(Cistierna)

920. Quien mucho duerme poco aprende.

(La Mata de Curueño)

LAS ETAPAS DE LA VIDA

921. A xente nova e a leña verde,
todo se vuelve humo.

(Valtuille de Arriba)

922. Álamo, porque te amo.
Negrillo, porque te olvido.
Espino, porque te estimo.

(Significaciones que se dan al ramo que se pone a las mozas, según de qué árbol sea.)
(Benamariel)

923. Cuando el cura anda a peces, - qué harán los feligreses.[84]

(Santibáñez del Bernesga)

924. Cuando veas a un hombre cargao,
no preguntes si es soltero o es casao.

(Villacidayo)

---

84 "Si los pastores han amores, / ¿qué harán los gentiles hombres?" (Alín: 213)

925. El fuego y la estopa,
ven o demo e a sopla.

(Valtuille de Arriba)

926. El que lejos va a casar
o va engañao o va a engañar.[85]

(Villacidayo)

927. Lo que ardió - ya fumió.

(Quintana del Castillo)

928. Lo tocao - está bailao.

(Quintana del Castillo)

929. Pobre da vella
que está na fornela
con sete niníus
y un cachín de mantela.

(*Mantela*: Pequeña manta.)
(Candín)

930. Ron, ron,
que tu padre fue a León
y tu madre a la carreta,
no te quiso dar la teta.

(Villanueva de Jamuz)

931. Ron, ron,
que tu padre fue al carbón
y tu madre a violetas,
no te quiso dar la teta;
ven, que te la doy yo
con un palo en la cabeza.

(Toral de Merayo)

---

85 "Quien lejos se va a casar, o va engañado, o va a engañar." (Hernán Núñez: f. 107 v.)
"El que fuera se va a casar, o va engañado o va a engañar." (Correas: 180)

LOS SALUDOS

932. –Buenos días, - ti Matías.
–Buenas tardes, - ti cobardes.
–Buenas noches, - ti capoches.

(Valdespino de Somoza)

EL MADRUGAR

933. Un hombre que madruga - Dios le ayuda.

(Huerga de Frailes)

934. Un hombre madrugó - y una manta encontró.
Pero más madrugó - el que la perdió.

(Huerga de Frailes)

EL PARENTESCO

935. Quien no conoce la abuela
no conoce cosa buena.

(Cubillas de Arbas)

EL AMOR

936. Cosquillas y amores
entran con risas y acaban con dolores.

(La Mata de Curueño)

937. El amor y el reloj locos son.[86]

(La Mata de Curueño)

---

86 "Amor loco, yo por vos y vos por otro." (Covarrubias: 113)

938. No hay sábado sin sol
ni doncella sin amor.[87]

(Huerga de Frailes. Villacidayo)

LA AMISTAD

939. Amigo que no da y cuchillo que no corta
aunque se pierda nada importa.

(Mansilla de las Mulas)

940. De amigo usar, pero no abusar.

(La Mata de Curueño)

941. De los amigos me libre Dios,
que de los enemigos me libro yo.

(Mansilla de las Mulas)

942. Más vale amigo a la puerta, que pariente a la vuelta.

(La Mata de Curueño)

LAS MENTIRAS

943. Por el mar, corren las liebres;
por el monte, las anguilas;
por el rastrojo, los peces
se pescan con anguarillas[88].
Pesqué una anguarillada[89]
que pesó treinta libras,
la he ido a vender

---

87   "Ni sábado sin sol, ni moza sin amor, ni viejo sin dolor." (Hernán Núñez: f. 82 r.)
     "Ni sábado sin sol, / ni moza sin amor, / ni viejo sin dolor." (Frenk: nº 2002 A, 967)

88   En una transmisión dice: "con anguarina".

89   En la misma transmisión anterior: "anguarinada".

a las calles de Sevilla.
Con el dinero sacado
me he comprado una camisa,
que no tenía botones…
[Y remata entre risas:]
pero tenía el mío
y lo dejé al sol
y se me vio.

(Santa Colomba de Curueño)

LA PROPIEDAD. LA HACIENDA. EL DINERO

944. Donde no hay mata
no hay patata.

(Villacidayo)

945. Donde se quita y no se pon
luego se llega al hondón.

(Garfín)

946. El que ahorra un duro cuando puede
tiene cinco cuando quiere.

(Villafruela del Condado)

947. El que da sus tierras - antes de la muerte
merece que le den - con un canto en los dientes.

(Villacidayo)

948. La hacienda de tu enemigo
en dinero la veas y en pan cocido.

(Mansilla de las Mulas)

949. –Perros ladran, - gente suena,
guarde el dinero, - abuela.

–Calla, hija, - que está en la cernadera.

(Cubillas de Rueda)

950. Si no tienes dinero en la bolsa, - ten miel en la boca.

(La Mata de Curueño)

EL TOQUE DE CAMPANAS

951. ["Subían a tocar y decían:"]
–El que tiene porque tiene,
el que no, dice que tenga, [el que no tiene, que tenga]
que tenga, que tenga, que tenga,
que el cura me lo manda,
que duerma con el ama,
que duerma con el ama.

("Y a ese mismo ritmo había que tocar las campanas. Y así tocaba tu abuelo Epimenio –le indica la informante a una mujer que la acompaña.")
(Castro del Condado)

952. [Nos indica nuestra informante: "Después, si voy por el camino, y tocan a misa, digo"]
Suena la voz del ángel
llamando a la cristiandad,
Dios me dé parte en ella,
en su amor y caridad.

(Turcia)

LA COMIDA. EL MENAJE

953. Al no haber lomo,
de todo como.

(Villacidayo)

954. Comer sopas y correr detrás de uno que las comió es igual.

(Riaño)

955. Comida reposada
y cena paseada.

(Villacidayo)

956. Con eso y el no comer,
adiós hambre.

(Cuando nos dan una cosa que nos parece poco...)
(Villacidayo)

957. Con sopas de ajo
hasta el tajo.

(Villacidayo)

958. Domingo de Ramos - hormigos comamos,
con leche o sin leche, - como nos los echen.

(*Hormigo*: «Un fermentado de harina de pan, miel y azúcar».)
(Posada de Valdeón. Prada de Valdeón)

959. El comer y el arrascar,
hasta el empezar.[90]

(Villacidayo)

960. El que come un huevo sin sal
come a su suegra si se la dan.

(Riaño)

961. El que de joven come la sardina
de viejo caga la espina.[91]

(Villacidayo)

---

90 "Rascar y comer, comienzo han menester." (Hernán Núñez: f. 115 r.)

91 "Quien en Mayo come la sardina, en Agosto caga la espina." (Hernán Núñez: f. 110 v.)

962. Igual da comer juncos
que comer juntos.

(Villacidayo)

963. La chanfaina de la Abadía,
al que le toque uno
le toca la lotería.

(Alude a un trozo de hígado; ya que la chanfaina es un tipo de sopa de ajo que se hace en la matanza, a la que se le añaden trozos de hígado.)
(San Miguel de Escalada)

964. La misa y el pimiento
son de poco alimento.

(Riaño. Villacidayo)

965. La mujer que no come
cuando el marido,
lo mejor de la olla
se lo ha comido.

(Cubillas de Rueda)

966. La sopa en vino no emborracha,
pero alegra a la muchacha.

(Carbajal de Rueda)

967. Las lentejas,
comida de viejas,
si no las quieres las dejas.

(Villacidayo)

968. Las sopas de ajo y el buen vino
hacen al viejo niño.

(Villacidayo)

969. Lo que has de dejar a los sobrinos
cómetelo en jamón y bébetelo en vino.

(Mansilla de las Mulas)

970. Más días que ollas.

(Riaño)

971. Mucho me quiere mi abuela,
que, cuando compra lechugas,
me da las hojas de fuera.

(Pobladura de Pelayo García)

972. Olla que mucho hierve sabor pierde.

(La Mata de Curueño)

973. Por la mañana, patatas;
a mediodía, patatolas;
y, por la noche, patatas solas.

("La comida era muy variada", nos dice el informante con sorna.)

(Cubillas de Arbas)

974. [Le dijo la sartén al cazo:]
–Quítate para allá, que me tiznas.[92]

(Millaró)

975. Si quieres tener cecina
ahúma la carne en tu cocina.

(Getino)

976. –Teresa, pon la mesa, - el la hugaza sin corteza,
el cochillo sin manguillo, - viva la hija del tío Basilio.

(Para poner la mesa para comer.)
(Quintanilla del Monte)

977. –Teresa, pon la mesa; - Isabel, pon el mantel;
María, las cucharas; - señoritos a comer.

(El primer verso alude a la mantis religiosa) (Vega de Espinareda)

---

92 "Dijo la corneja al cuervo: Quítate allá negro; y el cuervo a la corneja: Quitaos vos allá negra. (Covarrubias:
383)

978. [Comía la merienda y decía:]
Trabajo hecho, quita cuidao.

(Villanueva del Condado)

AL COGER UN ALIMENTO DE UN RECIPIENTE:

979. –A por una voy, - dos vengáis,
si venís tres, - no os caigáis.

(Urdiales del Páramo)

980. –Por una voy, - dos vengáis,
si venís tres, - no vos caigáis.

(San Martín de Torres)

981. –Por una voy, - dos vengáis
y, si son tres, - que no os caigáis.

(Prioro)

982. Por una voy, - dos vengáis
y, si venís tres, - no os caigáis.

(Cerezas de un cesto) (Pallide)
(Tajadas de un puchero) (Saelices del Payuelo)

983. –Por uno voy, - dos vengáis;
si venís tres, - no os caigáis.

(Morgovejo. Renedo de Curueño. Santa Olaja de Eslonza. Villarmún. Villaturiel)

984. –Por uno voy, - dos vengáis;
y, si venís tres, - no vos caigáis.

(Tajadas de un puchero)
(Villacidayo)

985. –Voy por una, - dos vengáis;
si venís tres, - nos os caigáis.

(Cuadros)

EL PAN

EL PAN SE LAMENTA DE SU DESTINO:

986. ["Exclama el pan, cuando lo tuestan para comerlo:"]
–¡Ay, pobre de mí, perdido,
primero tengo que ser cocido,
después asado y al fin comido.

(Quintanilla de Losada)

LOS SANTOS Y EL PAN:

987. San Isidro Labrador - siembra pan y lo recoge;
en el invierno lo siembra - y en el verano lo coge.

(Villanueva del Árbol)

AVATARES HUMANOS EN TORNO AL PAN:

988. Donde no hay gobierno - anda el pan tierno.

(Quintanilla de Rueda)

989. El pan y el niño - en agosto tienen frío.[93]

("Cuando se amasaba, había que tapar bien la masa con mantas, «para que despierte» el pan.")
(Piedrafita la Mediana)

990. El que hambre tiene - con pan sueña.

(Villacidayo)

991. La hogaza - que vaya y venga.

("Quiere decir que hay que hacerlas grandes.")
(Quintanilla de Rueda)

---

93 "Agosto, frío en rostro" (Hernán Núñez: f. 4 r.)
"Agosto, frío en rostro." (Covarrubias: 50)

992. Mientras mi madre cierne, - yo me enharino,
pa que digan los mozos - que yo he cernido.

(Moscas del Páramo)

993. Pan de todos, - lo comió el lobo.

(Villacidayo)

994. Pan que das a perro ajeno,
perdiste el pan - y perdiste el perro.

(Villacidayo)

995. Somos de Igaña, - dannos el pan por cestas;
gánanlo los tontos - y dánnoslo las necias.

(Se pone el dicho en boca de los que iban al pueblo a empedrar los trillos. Se pagaba en pan, en vez de con dinero. Es fórmula rimada de un cuentecillo.)
(Quintana del Castillo)

996. Te tienes por buena moza - y con mucho entendimiento;
te pusistes a amasar - y se te olvidó el urmiento.

(Villacidayo)

997. –Forno, forno, te meto este pan
y dame otro - más hermoso.

(Santiago Millas)

PARA QUE CREZCA LA MASA:

998. La tía Melitona
no puede masar,
le falta la harina,
la leña y la sal.

(Laguna Dalga)

999. Crece, masa,
como la Virgen creció en gracia.

(Orallo)

1000. Dios lo aumente bien
y la Virgen también.

(Sosas de Laciana)

AL METER EL PAN EN EL HORNO:

1001. A San Julián, - que nos cueza bien el pan.
Y a San Lorenzo, - que nos libre de los incendios.

(Riofrío)

1002. A San Julián, - que nos cuezca bien el pan.

(Turcia)

1003. Dios lo creciente - y aumente.
Dios creciente - el pan en el horno
como aumentó la gracia - pol mundo todo.

(Una vez metido el pan en el horno, para cocerse, rezan la oración indicada, a la vez que hacen
una cruz con la pala en la boca del horno.)
(Felechares de la Valdería)

1004. –Dios que te crió en el campo - que te crezca en el horno,
Dios con los santos, - Cristo con todos...

(Lucillo)

1005. –Dios que te bendice en la tierra
que te bendiga en el horno,
las Benditas Ánimas del Purgatorio.

(Lago de Omaña)

1006. Dios te crecente - e o señor San Vicente
e as Ánimas Benditas - que te desperten
e o San Bartolo - te acrecente de todo.

(Pobladura de Somoza)

1007. El pan enfornao, - Cristo alabao.
La Virgen venga pol bollo - que ya lo tien nel horno,
si no quiere el bollo - lleve el pan todo.

Ánimas Benditas - del Purgatorio.
Por ellas.

(Andiñuela)

1008. O pan ta no forno, - Cristo con todos.

(Pereda de Ancares)

1009. Pan en el horno, - Cristo con todo.
Pan enfornado, - Cristo alabado.

(Santa Marina de Somoza)

1010. Pan en el horno, - Cristo con todo.
Pan enfornado, - Cristo alabado.
La Virgen María - venga pol bollo,
le daremos el pan, - que es suyo todo.
Dios, que lo acrecentó en el campo,
que lo acreciente en el horno.

(Valdespino de Somoza)

1011. Pan en el horno, - Cristo con todos;
salga bien cocido - para nosotros.

(Sésamo)

1012. Pan en el horno, - Cristo en todo.
Si viene la Virgen, - le daremos el bollo,
y, si no quiere el bollo, - el pan todo.

(Castrillo de los Polvazares)

1013. Pan enfornado, - Cristo alabado.
Pan en el horno, - Dios sobre todo.
Dios que lo acrecentó en el campo
que lo acreciente en el horno,
que la Virgen María - venga pol bollo
y, si no quiere el bollo, - le daremos el pan todo.

(Luego rezan a las Ánimas Benditas y trazan la señal de la cruz con la pala en la boca del horno.)
(Valdespino de Somoza)

1014. Pan enfornado, - Cristo alabado.
Dios nos concentró en el campo,
nos concentre en el horno,
para ricos y para pobres - y para todos.
Venga la Virgen Santísima - por el bollo
y, si no quiere el bollo, - que lleve el pan todo.

("Amasaban cada dos o tres semanas; no se podía hacer ni en domingo ni en días de fiesta.")
(Andiñuela)

1015. Pan enfornado, [Primera cruz]
Cristo alabado.
Dios que te acrecentó en el polvo, [Segunda cruz]
que te acreciente en el horno.
Para pobres y Ánimas [Tercera cruz]
del Purgatorio.
En el nombre del Padre,
del Hijo
y del Espíritu Santo.
Amén.

(Y reza luego el padrenuestro y otras oraciones.)
(El Ganso)

1016. San Vicente te acrecente
y el Señor don Justo
que del poco faga muito.

(Candín)

1017. Ya está el pan - en el horno,
venga la Virgen, - coja su bollo.
Y así creza el pan - en el horno
como la gracia - por el mundo todo.

(Ferreras)

LA MOLIENDA

1018. Cambiarás de molino, - pero no cambiarás de ladrón.

(Villacidayo)

1019. Me cobró y me maquiló.

(Villacidayo)

EL VINO

1020. Al niño y al borracho - Dios les pone la mano debajo.

(Huergas de Gordón)

1021. Al que no fuma ni bebe vino - el diablo lo lleva por otro camino.

(Getino)

1022. Arriero que vende la bota, - o ca pez o está rota.

(Matadeón de los Oteros)

1023. Cuando el arriero vende la bota, - o sabe a pez o está rota.

(Matallana de Valmadrigal)

1024. Cuando el tabernero vende la bota
o es que no tiene pez o es que está rota.

(Getino)

1025. Cuando el tabernero vende la bota
o es que sabe a pez o es que está rota.

(Villacidayo)

1026. Cuando el tabernero vende la bota
o sabe a pez o está rota.

(La Mata de Curueño)

1027. Debajo de una mala capa
hay un buen bebedor.

(Mansilla de las Mulas)

1028. El agua de San Juan - quita vino y no da pan.[94]

(Valderilla de Torío. Villamoros de las Regueras. Villaverde de Abajo)

1029. El ballón de San Juan - quita vino y no da pan.

(*Ballón*: Lluvia fuerte y dañina.)
(Valtuille de Arriba)

1030. El tostadillo y el jamón - contri más añejo mejor.

(*Tostadillo*: Tipo de vino de un tono dorado y con unos quince o diecisiete grados.)
(Benazolve)

1031. El veintiocho de octubre, - San Simón y San Judas,
se matan los gochos y se espitan las cubas.

(Matadeón de los Oteros)

1032. El veintiséis de julio, Santa Ana, - la uva pintada.[95]

(Matadeón de los Oteros)

1033. El vino, el de abril; - el de mayo, poco y malo.

(Alude al mes en que apuntan los racimos.)
(Herreros de Jamuz)

1034. El vino y la verdad, - sin aguar.

(La Mata de Curueño)

1035. En abril, - deja la viña dormir.

(Villaverde de Arriba)

1036. En abril, - deja tu viña dormir.

(Benazolve)

---

94 "Agua de por San Juan, quita vino, y no da pan." (Hernán Núñez: f. 4 r.)

95 "Santa Ana, uva pintada." (Hernán Núñez: f. 117 r.)
     Pelegrín: 08.2a. Burro; Faba: "–Pinto la uva.", 83-85.

1037. Este vino cristalino, - nacido en la cepa tuerta,
bébelo, Manuel Quintana, - que tu dinero te cuesta.

(Ábano)

1038. Este vino cristalino, - nacido entre verdes matas,
tú me rindes, tú me matas, - tú me haces andar a gatas.

(Ábano)

1039. Llegando a San Andrés, - el vino nuevo añejo es.

(Morgovejo)

1040. Mañanita de San Juan, - cuando la zorra madruga,
el que mucho vino bebe - con agua se desayuna.

(Villacidayo)

1041. Marcelino, pan y vino, - fue a la cueva por el vino
y rompió la jarra por el camino.

(Villanueva de Jamuz)

1042. Por abril, - deja la viña dormir.

(Matadeón de los Oteros)

1043. Por la Cruz, - tu viña reluz.[96]

(Burgo Ranero)

1044. Por San Andrés, - el vino nuevo, viejo es.

(Benazolve. Castrocalbón)

1045. Por San Judas, - espitan las cubas.[97]
Y por San Andrés - el vino es.

(Villarmeriel)

1046. Por Santa Cruz, - la viña reluz.

(Benazolve. Villaverde de Arriba)

---

96 "Por Santa Cruz, toda viña reluz." (Hernán Núñez: f. 96 r.)

97 "Por San Simón y San Judas, cogidas son las uvas. / Añaden, también las verdes como las maduras." (Hernán Núñez: f. 97 r.)

1047. Por Santiago y Santa Ana, - pintan las uvas
y para la Virgen de agosto - ya están maduras.

(Matadeón de los Oteros)

1048. San Antón en enero - gasta corbata,
como no bebe vino - no se le mancha.

(Villaverde de Arriba)

1049. San Bernardino - quita pan y no da vino.

(Carbajal de Rueda)

1050. San Urbán - quita vino y no da pan.

(Carbajal de Rueda)

1051. Sopa en vino no emborracha, - pero alegra a la muchacha.

(Garrafe de Torío)

1052. Truenos en abril, - cubas a dormir.

(Matadeón de los Oteros)

1053. Uva a uva, - llena la vieja la cuba.

(Valdesaninas)

1054. Vino a escote - nunca es caro.

(Villacidayo)

1055. Vino, vinín, - que se cría entre las matas,
se sube a la cabeza - y entarabica las patas.

(Garrafe de Torío)

1056. Yo no voy a la iglesia - porque estoy cojo
y voy a la taberna - poquito a poco.

(Valdealcón)

LA LECHE

1057. [Fórmula rimada que se recita al mazar la leche para hacer la manteca o
mantequilla.]
–Maza, leite; maza, leite,
Santa Marta de Ortigueira,
maza, leite; maza, leite,
pero non saca manteiga.

(Candín)

1058. –Mázate, leche
de la vaca «bura»,
poca manteca
y mucha «dibura».

(Pallide)

EL TRABAJO

1059. Arar con vacas y uncir con sogas,
sembrarás trigo y cogerás tobas.

(Mansilla de las Mulas)

1060. Dámela que quiera - y yo la haré que pueda.

(Villacidayo)

1061. De tejas abajo, - cada uno come de su trabajo.

(Matadeón de los Oteros)

1062. Del cielo pa abajo - cada uno vive de su trabajo.

(Villacidayo)

1063. El que hace un cesto - hace ciento,
si le dan lugar y tiempo.

(Villacidayo)

1064. El que no tiene que hacer - echa pulgas a cocer.

(Olleros de Alba)

1065. El que no trabaja de pollinejo - trabaja de burro viejo.

(Villacidayo)

1066. En casa del herrero, - cuchillo de palo.[98]

(Herreros de Jamuz)

1067. En todo el año ares
y en agosto y en enero pares.

(Mansilla de las Mulas)

1068. Labor de niño es poco
y el que lo pierde es un loco.

(Andiñuela)

1069. No paráis de trabajar,
da igual que sean fiestas - que días de guardar.

(Posada de Valdeón)

1070. Por sembrar ralo y segar verde - ningún labrador se pierde.

(Villanófar)

1071. Por sembrar tarde y segar verde - ningún labrador se pierde.

(Villacidayo)

1072. ¿Quién es tu enemigo? - El de tu mismo oficio.

(Villacidayo)

1073. Unos nacen pa cestos - y otros, pa vendimiar en ello.

(Villacidayo)

---

98 "En casa del herrero peor apero." (Covarrubias:131)

LA FIESTA

1074. Hay fiestas pa tamboriles.

(Puente Villarente)

LA VIDA PASTORIL

DIÁLOGO ENTRE EL PASTOR Y MARZO:

1075. –Allá te vayas, marzo, - con tu rabo largo.
–Anda, pícaro pastor, - ¿aún te quedas alabando?
Con dos días que me quedan - y dos que me preste mi hermano abril,
aún te tengo de hacer andar - con las pillejas al hombro
y las cencerras colgando.

(Ábano)

1076. –Allá te vayas, marzo, - con tu rabo llargo,
que yo aquí me quedu - con mi rebaño entero.
–Ah, pícaro pastor, - ¿aún te quedas alabando?
Pues, con un día que me falta - y otro que me preste mi hermano,
te tengo hacer andar con las pellejas a cuestas, - las cencerras en la mano.[99]

(Villamejil)

1077. –Anda, marzo, marzayo, - cómo dejas mi ganado.
–Ay, pastorín, pastorín,
con cuatro días que me faltan - y otros cuatro que me dé mi hermano abril,
andarás con la zurrona a cuestas - y dejarás el redil.

(Valderilla de Torío)

---

99 "Allá vayas febrero el corto, con tus dias veinte y ocho. Mal has burlado a mi ganado. Acá queda mi hermano marzo, que si vuelve de rabo, ni deja pastor encaramado, ni carnero encerrado." (Hernán Núñez: f. 5 v.)
"Cuando marzo vuelve el rabo, no deja manso encencerrado, ni pastor enzamarrado." (Covarrubias: 391)
"Allá vayas, febrero el corto, con tus días veinte y ocho. Mal has burlado mi ganado, que llevaste lo de hogaño. Allá queda mi hermano marzo, que si vuelve el rabo no deja cordero enalmagrado." (Correas: 41)

1078. –Anda pa allá, mal marzo.
–Calla, calla, pastorcito, - no te vayas alabando;
con dos días que tengo yo - y dos que me dé mi hermano,
te he de hacer andar
con los pellejos al hombro - y los cencerros en la mano.

(Felmín)

1079. –Ay, marzo, marzo, - que te vas pasando
y no me encetastes el rebaño.
–Con cuatro días que me quedan - y cuatro que me dé mi hermano abril,
te hago andar con los pellejos al hombro - y los cencerros al cadril.

(Villaverde de Arriba)

1080. –¡Ay, marzo, marzuelo, - tú te vas y yo me quedo!
¡Tú te vas con tus marchadas - y yo me quedo con mis arrebañadas!
–¡Ay, pícaro de pastor!, - ¿y aún te quedas alabando?
Con tres días que me faltan a mí - y tres que me presta mi hermano abril,
te tengo que hacer andar con las pellejas al hombro - y las cencerras al
cuadril.

(Santa Colomba de Somoza)

1081. –Calla, calla, pastorcito, - no te vayas alabando,
que con ocho días que me quedan - y otros ocho que me dé mi hermano
te voy a hacer andar
con los pellejos a cuestas - y los cencerros en la mano.

(Le dice marzo al pastor.)
(Palacio de Torío)

1082. –Marzo, marzo, - ¡cómo vas marchando
y me vas dejando mis ganados!
–Calla, pastorcito, calla,
que con tres días que me quedan - y otros tres que me dé mi hermano,
te hago andar con los pellejos al hombro - y los cencerros en la mano.

(Cuadros)

1083. –Marcha, marzo, marcha, - qué bueno dejas mi ganado.
–Calla, pastorcillo, villano,
que con dos días míos - y dos que me dé abril mi hermano,

te voy a hacer andar
con las pieles al hombro - y las cencerras en la mano.

(Garrafe de Torío)

1084. –Marzo, marzuelo, - tú te vas y yo me quedo
con mi rebañito entero.
–Ah, pícaro pastor, - ¿aún te quedas alabando?
Pues con una que tengo - y otra que me dé mi hermano,
te he de hacer andar - con las pellejas a cuestas
y las cencerras en las manos.

(Priaranza de la Valduerna)

1085. –Marzo, marzuelo, - tú te vas y yo me quedo
con mi rebañito entero.
–Con tres días que me quedar - y otros tres que me preste mi hermano
abril,
te he de hacer andar
con las pellejas a cuestas - y las cencerras al cuadril.

(Villar del Monte)

1086. [“El pastor se dirige a marzo gloriándose de terminar el mes sin bajas en
su rebaño. Pero marzo le contesta:”]
–Marzo, marzuelo, - tú te vas y yo me quedo
con mi rebañuelo entero.
–No te alabes, pastor alabador,
que, con un día que me falta a mí
y uno que me preste mi hermano abril,
he de acabar con todo tu rebañil.
[“Entonces cayó una tormenta y le mató al pastor todo el rebaño, menos
un carnero, que metió él bajo su capa, pero, al quedarle el rabo fuera, se
lo cortó. Y, entonces, «el borrego ese saltaba»:”]
–Brinca, brinca,
borrego rabón,
que los otros del diablo son.

(Corporales)

1087. –Ya te vas, marzo, - con tu rabico largo.
Yo aquí me quedo - con mi rebaño entero.

–Calla, pícaro pastore, - ¿aún te quedas alabando?
Dos días que me quedan a mí - y tres que me presta mi hermano abril
aún te tengo de hacer andar
con las pillejas al hombro - y las cencerras al cadril.

(Ábano)

EL AÑO PASTORIL:

1088. Año bisiesto, - año de desventura:
Corderos berrean muchos, - ovejas, ninguna;
cantan las pegas - y silban los milanos
y los perros dicen: - -Vivan estos años,
que lo que los amos pierden - nosotros lo ganamos.

(Matadeón de los Oteros)

1089. Entre San Juan y San Pedro, - acariñan los pastores
y después, por el año alante, - palos y malas razones.

(Murias de Rechivaldo)

1090. –Marzo, marzueco,
déjame uno pa manso - y otro pa morrueco.

(Prioro)

LA FIGURA DEL PASTOR Y DE SU MUJER:

1091. La mujer del pastor - por la tarde se compone.

(Riaño)

1092. La mujer del pastorón - por la tarde se compón.

(Santa Marina de Somoza)

1093. Los pastores no son hombres, - que son ángeles del cielo,
que en el portal de Belén - ellos fueron los primeros.

(Herreros de Jamuz)

1094. Los pastores no son hombres, - que son ángeles del cielo,
que en el portal de Belén - fueron ellos los primeros.

(Castrovega de Valmadrigal)

1095. Los pastores no son hombres, - son brutos y animales,
comen sopas en calderas - y oyen misa en los corrales.

(Castrovega de Valmadrigal)

1096. Me casé con un pastor - creyendo de ser señora
y al segundo día de casados: - –Coge la cacha, pastora.

(Castrovega de Valmadrigal)

1097. Un pastor sin porraco, - como una burra sin rabo.

(*Porraco*: Cayada.)
(Villacidayo)

1098. Ve el pastor en la montaña - lo que no ve el rey de España.
(A otro pastor. El rey no puede ver a otro, porque en un país solo hay
uno.)

(Saelices del Payuelo)

1099. Vio el pastor en la montaña - lo que el rey no vio en España;
y Dios, con ser Dios, - tampoco lo vio.

("El pastor vio a otro pastor, cosa que no pueden hacer ni Dios ni el rey, porque no hay dos
reyes ni dos dioses.")
(Riaño)

EL PASTOR Y SU OFICIO:

1100. Cuando el águila silba, - pastor, ten cuidado;
que, cuando el cuervo cornea, - ya es excusado.

(Sobre las señales del ataque del lobo al rebaño.)
(Villasecino)

1101. El pastor, para ser buen pastor,
ha de saber desempeñar su empleo,
ha de distinguir lo blanco de entre lo negro,

ha de dormir a la estrella
y ha de saber hacer sopas de caldero.

(Matadeón de los Oteros)

1102. [Pregunta burlona de los muchachos al pastor:]
–Pastor, ¿cuál pace más
las blancas o las negras?
[Respuesta, asimismo burlona, del pastor:]
–Alza el rabo a las blanca
y besa el culo a las negras.

(Villaobispo de las Regueras)

1103. [Le dice el pájaro al pastor, cuando este último se ha comido la merienda
antes de tiempo, y luego pasa hambre:]
–Pastorcito,
qué poca merienda trajistes,
¿ya la comistes?;
grande es el día,
tira, tira, tira, tira, tira.[100]

(Nava de los Caballeros)

1104. Riñen los pastores - y se descubren los quesos.

(Villacidayo)

1105. Señor mío Jesucristo,
yo me calzo, yo me visto,
me pongo las angorras
y me voy con las machorras.

(Pobladura de Pelayo García)

FÓRMULAS ENCADENADAS:

1106. Tengo, tengo, tengo, - tú no tienes nada;
tengo tres ovejas - en una cabaña:

---

100 "¡Pastorciiito! / ¡Cuánto pan has traíííido! / ¡Ya te lo has comiiido! / ¡Mucho largo el dííía! / ¡Tira, tira, tira,
tira! / ¡Guiri, guiri, guiri, guiri! / ¡Sal, sal, sal, sal, sal…!" (López de Guereñu: 154)

una me da leche, - otra me da lana
y otra mantequilla - pa toda la semana.

(Villacidayo)

1107. Tiro, liro, liro, - las cabras en el trigo,
el pastor que las guardaba - Tiroliro se llamaba.

(Felechas)

1108. Tiro, liro, liro, - las cabras en el trigo;
el pícaro pastor - dormido se quedó;
vino Juan Redondo[101] - con un palo gordo.
–¿Dónde está el palo? - –Le quemó la lumbre.
–¿Dónde está la lumbre? - –La apagó el agua.
–¿Dónde está el agua? - –La bebieron los toros.
–¿Dónde están los toros? - –Corriendo por el monte.
–¿Dónde está el monte? - –Le royeron las cabras.
–¿Dónde están las cabras? - –Con sus cabritines.
–¿Dónde están los cabritines? - –Se volvieron botas.
–¿Dónde están las botas? - –Llenas de vino.
–¿Dónde está el vino? - –Le bebieron las viejas.
–¿Dónde están las viejas? - –Cardando lana.
–¿Dónde está la lana? - –La esparcieron las gallinas.
–¿Dónde están las gallinas? - –Poniendo huevos.
–¿Dónde están los huevos? - –Los comieron los curas.
–¿Dónde están los curas? - –Diciendo misa.
En el cielo está escrito - con agua bendita;
tiraron un pedo - y rompieron la camisa.

(Villacidayo)

1109. Tiru, liru, liru, - las cabras en el trigo,
el pastor que las cuidaba - el porracho las tiraba.

(*Porracho*: Tipo de cayada.)
(Riaño)

---

101 Pelegrín: 28.2. Juan Redondo, 138-139.

LA INDUMENTARIA

1110. En invierno y en verano, - la capa en la mano.[102]

(Carbajal de Rueda. Villanófar. León)

1111. La ropa que te honra - quítala y ponla.

(Riaño)

1112. Limpia en casa, - sucia en la calle.

(Riaño)

1113. Para bailar me pongo la capa
porque sin capa no puedo bailar;
para bailar me quito la capa
porque con capa no puedo bailar.[103]

(Solución de la adivinanza: –La peonza o trompo.)
(Fórmula utilizada asimismo en el juego de la peonza.)
(Santa Olaja de Eslonza. Villacidayo)

1114. Zapatito de charol, - usted tiene sarampión.
(Se ponen los pies en corro, cada chica/o pone uno, y se canta la fórmula
rimada. Y se va eliminando.)

(Puente Castro)

HILAR, TEJER

LOS MESES, LOS DÍAS, LAS HORAS Y LOS SANTOS:

1115. En febrero, - fuso entero;
en marzo, - fuso farto;

---

102 "Ni en invierno sin capa, ni en verano sin calabaza. / Otros dicen al revés, Ni en verano sin capa, etc." (Hernán Núñez: f. 82 v.)

103 Pelegrín: 71.2. Peonza: 243-245.

en abril, - un cascaril.

(Villar del Monte)

1116. En febrero, - fuso y medio;
en marzo, - fuso farto;
en abril, - cierra las puertas y échate a dormir.

(*Farto*: Harto, colmado, repleto.)
(Corporales)

1117. En febrero, - mazorgas al mazorguero;
en marzo, - mazorguina y aniciacho;
en abril, - mazorguina y a dormir;
y en mayo, - se tira la rueca como un rayo.

(*Aniciacho*: «Empezar otra nueva».)
(Robledo de Babia)

1118. Mazorgas al mazorguero, - que allí están las de febrero.

(Villaverde de Abajo)

1119. El lunes, cernir; - el martes, amasar;
¿y cuándu será, mariditu, - el día de hilar, de hilar?

(Villamejil)

1120. ["Yo hilaba. Y tenía que hilar to los días y, si no hilaba, pos la rueca ella
sola no lo hacía."]
Lunes y martes, - fiesta en todas partes.
Miércoles y jueves, .- fiestas solemnes.
Y viernes y sábado, - fiesta tol año.

("El domingo quedaba pa hilar. Pues, claro, lo prohibía Dios, pos, nada, no hilaba nunca.")
(Castrovega de Valmadrigal)

1121. Lunes y martes, - fiestas en todas partes,
miércoles y jueves, - las fiestas solemnes;
viernes y sábado, - fiestas de todo el año;
y domingo, que podía hilar, - no se puede trabajar.[104]

(Villamondrín)

---

104 "El lunes mojo, el martes lavo, el miércoles cuelo, el jueves saco, el viernes cierno, el sábado maso; el domingo,

1122. Hila, hila, - maquilandrona,
que cantan los gallos - y cantan sin hora.

(Pobladura de Somoza)

1123. Por San Marcos, tu linar - ni nacido ni por sembrar.[105]

(Villanueva del Árbol)

1124. Por San Martino, - a machacar el lino.

(Quintanilla de Rueda)

EL APRENDIZAJE:

1125. De hacer y deshacer - aprende la niña a hacer.

(Boisán)

1126. Haciendo y deshaciendo - va mi niña aprendiendo.

(Boisán)

LOS PRIMORES DE LA LABOR:

1127. –Espadarás, María, - y sacarás buen lino.

(Valdealiso)

1128. –Fila, María, fila, - fila bien filao,
que voy a hacer unos calzones - para el pastor del ganao.

(Rabanal del Camino)

---

que yo hilaría, todos me dicen que no es día." (Correas: 280)
Frenk: nº 1909, 921.
"El lunes hay que barrer, / el martes hay que fregar, / el miércoles al molino / para el jueves amasar, / el viernes
hacer colada / para el sábado lavar / y el domingo, como es fiesta, / no se puede trabajar." (Torner: 217)

105 "Del garbanzo te sécontar, que por abril, ni ha de estar nascido, ni por sembrar." (Hernán Núñez: f. 32 r.)

EL BENEFICIO DE HILAR:

1129. A poco y a poco, - va hilando la vieja el copo.[106]
(Orallo)

1130. Buena rueca hila - la que buen hijo cría.
(Riaño)

1131. Gana más una mujer hilando - que otra mujer mirando.
(Lucillo)

1132. Lino y lana - oro mana,
en las manos - de quien anda.[107]
(Corporales)

1133. Poco gana el que hila, - pero menos gana el que mira.[108]
(Quintanilla de Losada)

1134. Poco gana el que hila - y menos el que mira.
(Corporales. Torneros de la Valdería)

1135. Poco gana la que fila, - menos gana la que mira.
(Portilla de Luna)

1136. Poco gana la que fila - pero menus la que mira.
(La Garandilla)

1137. Poco gana la que hila, - menos gana la que mira.
(Ferreras)

1138. Poco gana la que hila, - pero menos la que mira.
(Prada de Valdeón. Robledo de Babia. Tabuyo del Monte. Villamondrín)

---

106 "Poco a poco hila la vieja el copo." (Covarrubias: 354)

107 "Quien trata en lana, oro mana." (Hernán Núñez: f. 107 r.)
   "Hilo de oro mana / la fontana, / hilo de oro mana." (Alín: 238)

108 "Quien mucho mira, poco hila." (Hernán Núñez: f. 109 v.)

1139. Poco gana la vieja hilando, - pero menos gana mirando.

(Prioro)

1140. Poco se gana a hilar, - menos se gana a mirar.

(Andiñuela)

1141. Poco se gana a hilar, - pero menos a mirar.

(Garrafe de Torío. Ruiforco de Torío. Santa Olaja de Eslonza. Valdealcón. Villanueva del Árbol)

1142. Poco se gana filando, - pero menos se gana mirando.

(Sésamo)

1143. Poco se gana hilando, - pero menos mirando.

(Ábano. Pereda de Ancares. Reyero)

1144. Poco se gana hilando, - pero menos se gana holgando.

(Valtuille de Arriba)

1145. Poco se gana a hilar, - pero menos se gana a mirar.

(Villaverde de Arriba)

1146. Poco se gana hilando, - pero menos se gana mirando.

(Villaobispo de las Regueras)

1147. Poco se gana hilando, - pero menos mirando.

(Reyero)

1148. Poco se gana hilando - y menos mirando.

(Morgovejo)

1149. Una vieja hilando - y otra mirando.

(Reyero)

LA COMPARACIÓN CON OTRAS LABORES:

1150. Ay, Dios mío, estoy sudando;
qué hará el mi Andrés, que está segando.

(Dice la mujer que se halla hilando en casa.)
(Quintana del Castillo)

1151. El que ara - arrimadico anda;
el que cava, - a raticos para;
y el que hila, - ¡pobre del que hila!,
todo el día, - tira que tira.

(Murias de Rechivaldo)

1152. El que ara - arrimadito anda;
el que cava, - descansa;
pobre de la que fila,
que todo el día está - tira que tira.

(Portilla de Luna)

1153. El que ara - arrimadito anda.
El que cava - un ratito descansa.
¡Pobre del que hila,
que tol día está - tira que tira!

(Prada de la Sierra)

1154. El que ara - arrimao anda;
el que sierra - bien juerga;
ay del que hila,
que to el día está
tira que tira, - tira que tira.

(Quintanilla de Rueda)

1155. El que ara, - frimao anda;
el que cava, - se acaba;
pobre del que hila,
que todo el día - tira, tira, tira.

(Herreros de Jamuz)

1156. Esta rueca me trae muerta, - marido, no puedo hilar,
si esta vida me haces - poco te voy a durar.[109]

(Chana de Somoza)

1157. La cardadora que carda la lana
ha de almorzar muy de mañana.

(Verdiago)

1158. –Úrsula, ¿qué estás haciendo? - –Señora, estoy hilando
con la rueca y con el huso - cáñamo, cáñamo, cáñamo.

(Santiago Millas)

EL HILAR Y LAS RELACIONES AMOROSAS:

1159. –Cásate conmigo, Juan, - que soy una linda moza,
cada día filo un filu, - cada mes una mazorca.

(Andiñuela)

1160. Con el huso y la rueca - anda tu madre,
buscándote novia - de calle en calle.

(Villanófar)

1161. Con la roca y el fuso - anda tu madre
buscándote un novio - de calle en calle.

(Camponaraya)

1162. Con la rueca y el huso - anda tu madre
buscándote un novio - de calle en calle.

(Cubillas de Rueda. Losadilla. Orallo)

1163. Con la rueca y el huso - anda tu madre,
buscándote un novio - para casarte.
[Y su madre la dice:]
–Anda, demonio,

---

109 "Esta roca me tem morta, este viño me conforta." (Correas: 213)
    Torner: 124.

que el rabo de la escoba - será tu novio.

(Castrovega de Valmadrigal)

1164. Con la rueca del husu - anda tu madre
buscándote un noviu - de calle en calle.

(Villamejil)

1165. Hiladora de torno - la quiero, madre,
porque la de la rueca - sale a la calle.

(Quintana del Castillo)

1166. No le he dicho a mi madre - que tengo novio,
que si no no me deja - ir al hilorio.[110]

(Villamondrín)

LOS GOLPES CON EL HUSO:

1167. Cocorrón de fuso - suena poco y manca mucho.

(Olleros de Alba)

1168. El cocorrón del fuso - suena poco y manca mucho.

(Portilla de Luna)

1169. El cocorrón del huso, - ruge poco y manca mucho.

(Santibáñez del Bernesga)

ADIVINANZAS Y TRABALENGUAS:

1170. Detrás de una puerta
lo vi hacer, sacar y meter
y dar de barriga, - que no es picardía.

(El telar, cuando se está en él tejiendo.)
(Nava de los Caballeros. Villacidayo)

---

110 Berrueta: 137.

1171. Yo tengo un gordón
       bien hislao,
       bordao, recutiplao.
       Si no lo hisláis,
       bordáis, recutipláis,
       buscaré un hislador,
       bordador, recutiplicador
       para que lo hisléis mejor.

       (Trabalenguas)
       (Jiménez de Jamuz)

1172. Yo tengo unas medias
       hiladas, bordadas,
       enguarlapitadas.
       Al señor que las hiló,
       bordó y enguarlapitó
       hay que pagarle
       hiladura, bordadura
       y enguarlapitura,
       para que no vuelva
       a hilar, bordar,
       enguarlapitar
       otras ningunas.

       (Trabalenguas)
       (Jiménez de Jamuz)

ANALOGÍAS FÓNICAS:

1173. A cada cosa su uso - y a cada rueca su fuso.

       (Chana de Somoza)

1174. Cada tierra su uso - y cada roca su fuso.

       (Sésamo)

1175. Cada tierra su uso - y cada rueca su fuso.

       (Lucillo)

EL TIEMPO CRONOLÓGICO

EL AÑO:

1176. Año bisiesto, - la cría en un cesto.
("Dicen que son malos.")

(Villacidayo)

1177. Año de andrinos, - año de trigo.

(Cubillas de Rueda)

1178. Empieza el año en enero;
febrero, el chiquitín;
marzo ventoso el que sigue;
ya no hace frío en abril;
en mayo, todo florece;
junio es amigo del sol;
en julio, se cortan las mieses;
agosto, cuánto calor;
en septiembre, se recoge la fruta;
en octubre, se siembra ya;
nieve en los altos, en noviembre;
y, en diciembre, el año se va.[111]

(Fuentes de Peñacorada)

1179. En los años pares, - a abrir los costales;
en los años nones, - pocos montones.

(Fontecha del Páramo)

---

[111] La relación enumerativa de todos los meses del año, con una caracterización específica de cada uno de ellos, aparece ya en las colecciones clásicas españolas. Vamos a mostrar un ejemplo de Gonzalo Correas:

"En enero, el gato en celo; febrero, merdero; marzo, sol como mazo; en abril, aguas mil; en mayo, toro y caballo; en junio, hoz en puño; en julio, calentura y aú_lo; en agosto, frío en rostro; en septiembre, el rozo y la urdiciembre; en octubre uñe los bueyes y cubre; en noviembre y diciembre, coma quien tuviere, y quien no tuviere, siembre." (Correas: 190)

1180. En todo el año ares - y en agosto y en enero pares.

(Mansilla de las Mulas)

1181. Todo el año ararás - y en enero y agosto pararás.

(Villahibiera)

LOS MESES:

● *En general:*

1182. El veintisiete de cada mes, rige el mes siguiente,
si el veintinueve se lo consiente.

(Sabugo)

1183. Los meses sin erre,
ni pescado ni mujeres.[112]

(Mansilla de las Mulas)

● *Ligazón de varios meses:*

1184. Antes, en febrero, - el cacín era caballero
y ahora, en marzo, - va para el macho
de los pellejeros.

(Villacidayo)

1185. Buen enero y buen abril - nadie lo verá venir.

(Orallo)

1186. Cuando marzo mayea, - mayo marcea.

(Villaverde de Arriba)

1187. En abril, - quemó la vieja el mango el hocil;
y en mayo, - la pata el escaño.

(Villaverde de Arriba)

---

112 "En los meses de erres en piedras no te sientes." (Correas: 195)

1188. En abril - se echa el amo a dormir
y en mayo, - el criado y el amo.[113]

(Mansilla de las Mulas)

1189. En febrero, - busca la sombra el perro;
en marzo, - el perro y el amo.

(Riaño)

1190. En febrero, - busca la sombra el perro;
y en marzo, - el perro y el amo.[114]

(Villasecino)

1191. En marzo, - mulle tu ajo;
en abril, - vuélvelo a mullir;
en mayo, - no le toques ni el rabo;
y en junio, - destápale el culo.

(Villanueva de Jamuz)

1192. Enero, friolero, - lleno de nieve;
despúes viene febrero, - febrero es breve;
mañanitas de marzo, - marzo ventoso
y abril lluvioso
sacan a mayo - florido y hermoso.

(Palacio de Torío)

1193. Enero helado, - febrero trastornado,
marzo airoso - y abril lluvioso
sacan a mayo - florido y hermoso.

(Truébano de Babia)

1194. Enero, - heladero;
febrero, - al baratero;
marzo, - ventoso;
abril, - lluviñoso;
mayo, - pardo;

---

113 "Por abril duerme se el mozo ruin, y en mayo, el mozo y el amo" (Hernán Núñez: f. 96 vto.)

114 "En enero y hebrero busca la sombra el perro; en marzo, búscala el amo." (Correas: 190)

San Juan, - claro;
sacan a jun[l]io
florido y granado.

(Losadilla)

1195. Gatos, los de abril - para mí;
los de mayo - para mi hermano;
los de junio - pa ninguno.

(Villacidayo)

1196. Los gatos de abril, - para mí;
los de mayo, - para mi hermano;
y los de junio, - para ninguno.

(Villaturiel)

1197. ["Era un rey que preguntaba a la gente que qué valdría más que una
pareja y un carro, todo de oro. Preguntaba el rey a diversas personas.
Hasta que encontró a un pastor que cuidaba ovejas y le contestó:"]
Marzo airoso, - abril lluvioso,
mayo pardo, - junio y julio claros
valen más - que la pareja y el carro.

(Paradilla de la Sobarriba)

1198. Marzo airoso, - abril lluvioso,
mayo pardo, - San Juan claro
valen más
que las tus mulas - y el tu carro.

(Lucillo. Valdespino de Somoza)

1199. Marzo airoso, - abril lluvioso,
mayo pardo, - San Juan claro
valen más - que los bueis y el carro.

("Un hijo le dijo a su padre: –¿Y si los bueyes y el carro fueran de oro? A lo que el padre le
contestó" con la fórmula rimada que indicamos.)
(Murias de Rechivaldo)

1200. Marzo airoso, - abril lluvioso,
mayo pardo - y San Juan claro

valen más
que tus mulas - y tu carro.

(Valdespino de Somoza)

1201. Marzo airoso - y abril lluvioso
sacan a mayo - florido y hermoso.

(Alija del Infantado. Mansilla del Páramo. Paradilla de la Sobarriba. Villasecino)

1202. Marzo airoso - y abril lluvisnoso
sacan a mayo - florido y hermoso.[115]

(Orallo. Valtuille de Arriba)

1203. Marzo arcio - y abril lluvioso
sacan a mayo - florido y hermoso.

(*Arcio*: «Gafo».)
(Huergas de Gordón)

1204. Marzo, pie descalzo; - abril, pierna y cadril.

(Villanueva de Carrizo)

1205. Sácame de marzo, - méteme en abril,
que aunque sea en mayo - me he de morir.

(Lo dicen las ovejas)
(Villacidayo)

1206. Tempero por tempero, - el de febrero,
pero que no se quede - atrás el de enero.

(Villacidayo)

1207. Xaneiro; xabreiro; - marzo, picoso;
abril, amoroso;
sacan a mayo - florido y hermoso.

(Paradiña)

1208. Xieneiro, ponedeiro;
febrerillo, corto, - con sus días veintiocho;

---

115 "Marzo ventoso y abril lluvioso, sacan a mayo hermoso." (Covarrubias: 31)

marzo, magarzo;
en abril, - aguas mil,
al entrar - y no al salir;

....

(Orallo)

● *Cada uno de los meses:*

↝ Enero:

1209. El diecisiete de enero, - San Antón el patero.

(Valdealcón)

1210. En enero, - la berza sabe a carne de carnero.

(Castrovega de Valmadrigal)

1211. En enero, - la gata pol sendero.

(Villacidayo)

1212. Enero - mató a su madre en el lavadero.

(Gradefes)

1213. Los mártires de Gijón - el veinte de enero son.

(Santa María del Condado)

↝ Febrero:

1214. El ajo de febrero - llena el mortero.

(Villacidayo)

1215. En febrero, - se yela la vieja detrás del puchero.

(Burgo Ranero)

1216. Febrerico el corto, - sus días son veintiocho.[116]

(Villamoros de las Regueras)

---

116 "Febrero corto con sus días veinte y ocho, quien bien los ha de contar, treinta le ha de echar." (Hernán Núñez: f. 56 r.)

1217. Febrerillo el loco, - con sus días veintiocho.
(Cuadros)

1218. Febrerillo el loco, - un día peor que otro.
(Matadeón de los Oteros)

1219. Febrero - echó la brasa en el reguero.
(Carbajal de Rueda)

1220. Febrero - mató a su madre en el lavadero.
(Carbajal de Rueda)

1221. Febrero el corto, - sus días veintiocho.[117]
(Soto de Valdeón)

1222. Por febrero, - echa tu burriquito al sendero.
(Mansilla de las Mulas)

1223. Santa Brígida y Santo Cremenceiro, - el primer día de febreiro.
(Turcia)

• Marzo:

1224. Como marzo alce el rabo
no queda oveja con pellejo ni pastor enzamarrado.
(Carbajal de Rueda)

1225. Marzo, marzudo, - con sus días treinta y uno.
(Soto de Valdeón)

1226. Pascuas marciales, - fríos y mortandades.
(Villafañe)

1227. Pascuas marciales, - hambres y mortandades.[118]
(Villacidayo)

---

117 "Alla vayas febrero el corto, con tus dias veinte y ocho"... (Hernán Núñez: f. 5 v.)

118 "Pascua marzal, hambre o mortandad. / "Opinión loca del vulgo." (Hernán Núñez: f. 92 r.)

1228. Pascuas marciales, - hambrientas o mortales.

(Morgovejo)

∾ Abril:

1229. No hay abril - que no sea vil,
al entrar, - al mediar
o al salir.[119]

(Villasecino)

1230. No hay abril - que no sea vil,
al entrar, al salir - y al medio, por no mentir.

(Villacidayo)

1231. No hay abril - que no sea vil,
si no es al empezar, - es al salir,
y, si no, en el medio, - por no mentir.

(Cuadros)

1232. No hay abril - que no sea vil,
si no es al entrar - es al salir.

(Quintana del Castillo)

∾ Mayo:

1233. Cada mayo trae sus flores.[120]

(Villacidayo)

---

119 "Al principio o al fin, abril suele ser ruin." (Correas: 36)

120 "¡Oh, qué lindo que va el año: / lluvias al abril y flores a mayo!" [en *El heredero*, auto de Mira de Amescua] (Frenk: nº 1269, 605) ..."Entra mayo con sus flores"... [en *Cancionero musical de Palacio*] (Frenk: nº 1270 B, 606)

1234. Días de mayo, - días de amargura,
apenas amanece - ya es noche oscura.[121]

(Es fórmula rimada de un cuentecillo: Lo decían dos novios, que se encontraron por la mañana, cuando él iba a arar y llevaba el arado a cuestas, y ella iba a lavar al río, y llevaba el balde sobre la cabeza; y tanto tiempo se quedaron charlando, que ni el uno labró ni la otra lavó.)
(Cuadros)

1235. Días de mayo, - días del diablo;
apenas amanece, - así escurece.

(Es fórmula rimada de un cuentecillo: Dos mujeres se pasan el día charlando, desde el amanecer al oscurecer, y se les pasa sin enterarse. O, en otras versiones, una pareja de enamorados.)
(Quintana del Castillo)

1236. Días de mayo, - días del diablo,
días de la maldición,
que da el pastor la vuelta al monte
y el sol nunca se pon.

(Santa Colomba de Somoza)

1237. En mayo, - la vieja quemó el escaño,
pero no fue por calentarse, - fue por hacer daño.

(Villacidayo)

1238. Hasta el cuarenta de mayo - no te quites el sayo.

(Villacidayo)

1239. Hasta el cuarenta de mayo
no se quita la vieja el sayo.

(Mansilla del Páramo)

---

121 "Días de mayo, días de desventura; aún no es mañana, y ya es noche escura; o aún no es amanecido, y ya es noche escura./ Fingen este cuento: que dos enamorados se toparon al amanecer un día de mayo, la moza con un cántaro de agua en la cabeza, y el mozo con una losa a cuestas, y parlando se les fue el día sin sentir, y quejáronse con las palabras del refrán a que dieron principio." (Correas: 154)

✧ Junio:

1240. En junio, - deja la mosca el buey y la coge el burro.

(Villacidayo)

✧ Agosto:

1241. El pan y el niño - en agosto tienen frío.

(Cuando se amasaba, había que tapar bien la masa con mantas, «para que despierte» el pan.)
(Piedrafita la Mediana)

✧ Septiembre:

1242. En septiembre, - tu gallina vende;
por Navidad, - vuélvela a comprar.

(Villacidayo)

1243. Septiembre
o seca las fuentes - o el agua lleva los puentes.

(Orallo)

1244. Septiembre
o seca las fuentes o lleva los puentes.

(Cerezales del Condado)

1245. Septiembre - se tiemble,
o seca las fuentes - o lleva los puentes.[122]

(Villacidayo)

✧ Noviembre:

1246. Dichosico mes,
que empieza por *Tos* los Santos
y termina por San Andrés.

(Villacidayo)

1247. Dichoso de tal mes,
que entra por To los Santos

---

122 "Setiembre, o lleva las puentes, o seca las fuentes." (Hernán Núñez: f. 118 r.)

y sale por San Andrés.

(Morgovejo)

1248. Dichoso el mes,
que empieza con los Santos
y acaba con San Andrés.

(Mansilla del Páramo)

1249. El uno de noviembre, San Martino,
siembra el ajo fino.[123]

(Matadeón de los Oteros)

LAS SEMANAS:

1250. De siete hermanas que somos, - yo la primera nací,
y soy la que menos tiempo tengo, - ¿cómo podrá ser así?

(Adivinanza sobre la primera semana de Cuaresma.)
(Morgovejo)

1251. Ana, Badana,
Rebeca, Susana,
Lázaro, Ramos.

(Pinilla de la Valdería)

1252. Ana, Badana,
Rebeca, Sosana,
Lázaro, Ramos
y Santos.

("Que es el día de Pascua, Santos.")
(Turcia)

1253. Ana, Badana,
Rebeca, Susana,
Lázaro, Ramos,

---

123 "Ajo, ¿por qué no fuiste bueno?, porque no me halló San Martín puesto." (Covarrubias: 61)

en Pascua estamos.[124] [en Pascuas estamos.]

(Nombres de las semanas de la Cuaresma, hasta llegar a Pascua.)
(Devesa de Curueño. Santa Colomba de Curueño. Villanueva del Condado)

1254. Ana, Badana,
Rebeca, Susana,
tapón de barril,
no bebas vino,
que te vas a morir.

(Nombres de semanas de la Cuaresma.)
(Villanueva del Condado)

1255. Juana, Badana,
Rebeca, Susana.

(Nombres de semanas de la Cuaresma.)
(Renedo de Curueño)

LOS DÍAS:

1256. Buenos y malos martes los hay en todas partes.

(La Mata de Curueño)

1257. En martes, - ni te cases ni te embarques.

(Prioro)

1258. En viernes y martes,
ni tu hija cases
ni tu gocho mates.

(Villacidayo)

---

124 "Ana, Vadana, Rebeca, Susana, Lázaro, Ramos, en pascua estamos. / *Anavadana* es palabra corrupta de *annua*,
de la oración de la primera dominica de cuaresma y del evangelio: *Vade retro, Satana*. La oración dice: *annua
cuadragesimali observatione*. Era frecuente, antes del Concilio de Trento, saber todos mucho de la Iglesia y la
doctrina en latín, y los romancistas corrompían mucho las palabras; lo demás es claro por los Evangelios del
día, o cercanos, como el de Lázaro, que caen el viernes antes, por lo notable del milagro de resucitar Lázaro."
(Correas: 47)

1259. Mañana es domingo,
San Garabiño,
subimos a la torre
a tocar un poquitiño.
Vino una vieja,
me tiró con una teja.
–¿Dónde está la teja?
–La llevó el agua.
–¿Dónde está el agua?
–La bebieron los bueis.
–¿Dónde están los bueis?
–Están en la arada.
–¿Dónde está la arada?
–La escarbaron las gallinas.
–¿Dónde están las gallinas?
–Poniendo güevos.
–¿Dónde están los güevos?
–Los comieron los frailes.
–¿Dónde están los frailes?
–Diciendo misa...[125]

(Murias de Rechivaldo)

1260. Mañana es domingo,
se casa Benito,
tranca la puerta
con un garabito.
Sube a la torre,
toca un poquito.
Le cayó una teja,
le dio tras de la oreja.
–¿Dónde está la teja?
–La llevó el agua.
–¿Dónde está el agua?
–La bebieron los bueis.
–¿Dónde están los bueis?
–Acarreando trigo.

---

125 Henández de Soto: nº 2, 70.

–¿Dónde está el trigo?
–Lo comieron las pitas.
–¿Dónde están las pitas?
–Poniendo huevos.
–¿Dónde están los huevos?
–Los comieron los frailes.
–¿Dónde están los frailes?
–Rezando misa,
debajo la camisa
de tu tía Felisa.[126]

(Huerga de Frailes)

1261. Mañana es domingo,
se casa Perico
con una mujer:
ni sabe coser,
ni sabe bordar,
ni sabe la tabla
de multiplicar.[127]

(Villacidayo)

1262. –Miércoles de Ceniza, - qué triste vienes,
con cuarenta y seis días – que nos traes de viernes.

(San Bartolomé de Rueda)

1263. Tres días hay en el año - que relumbran más que el sol:
Jueves Santo, Corpus Christi - y el día de la Ascensión.

(Huerga de Frailes. Villarmún)

---

126 P. Morán (1924): 38.
   Bravo Villasante: 50.

127 Rodríguez Marín I: núms. 99, 100 y 101, 75-76.
   Bravo Villasante: 62.
   Mª Campos: 202.

1264. Tres jueves hay en el año - que relucen como el sol:
Jueves Santo, Corpus Christi - y el jueves de la Ascensión.

(Alija del Infantado)

1265. Tres jueves hay en el año - que relucen más que el sol:
Jueves Santo, Corpus Christi - y el día de la Ascensión.[128]

(Castrocalbón)

LAS HORAS:

1266. A la una, anda la mula;
a las dos, el reloj;
a las tres, el marqués;
a las cuatro, el maragato;
a las cinco, el perro pinto;
a las seis, el marqués;
a las siete, el gabinete;
a las ocho, el perro mocho…[129]

(Mansilla del Páramo)

1267. La una, - la mi mula;
las dos, - el mi reloj;
las tres, - el mi marqués;
las cuatro, - el maragato;
las cinco, - el perro pinto;
las seis, - voy a echar de comer a los bueis;
las siete, - un cachete;
las ocho, - voy a echar de comer a los gochos;
las nueve, - coge la bota y bebe;

---

128 Gonzalo Correas recoge esta fórmula sobre las fiestas movibles del año: "Febrero en su conjunción, - primer martas carne es ida, - a cuarenta y seis Florida, - otros cuarenta Ascensión, - otros diez a Pascua son, - otros doce Corpus Christi; - en esto solo consiste: - las movibles ¿cuántas son?" (Correas: 216)

129 Caro II: 153.
Hernández de Soto: nº 20, 167-168.
Pelegrín: 02.2. Salto de mula, 69-70. 61.2. Salto de mula, 221.

las diez, - la tengo otra vez.

(Huerga de Frailes)

LAS FIESTAS:

1268. Cuatro fiestas hay en el año - que brillan más que el sol:
Navidad, Pascua de Flores, - Cospus Christi y la Ascensión.

(Huerga de Frailes)

1269. Entre los Reyes, - la patita el gallo.

(Crecen los días) (Laguna Dalga)

1270. Por los reyes, - un pie de rey.

(Alusión al pequeño crecimiento de los días.) (Mansilla del Páramo)

1271. Por los Reyes, - ya lo conocen los bueyes. [lo conocen los bueyes.]

(Cerezales del Condado. San Miguel de Escalada. Villafruela del Condado)

1272. Por San Antón, - la gallina pon;
por las Candelas, - las malas y las buenas.

(Riaño)

1273. Por San Antón, - la gallina pon
y por la Candelaria, - la buena y la mala.

(Burgo Ranero)

1274. Por San Antón, - la gallina pon [el buen ave pon]
y por la Candelaria, - la buena y la mala.

(Gradefes)

1275. San Antón con el bastón - a San Roque pegó un palo,
San Roque le embiscó el perro - y agarró al gocho pol rabo.

(Carbajal de Rueda)

1276. Por San Antonio patero, - echa tu borriquito al sendero.

(San Miguel de Escalada)

1277. Santo Tomás, - crecen y merman los días
tanto como salta - una gallina pa atrás.

(San Miguel de Escalada)

1278. El que a Santa Eugenia va y allá duerme
en un mes va y en otro viene.

(Se celebra su fiesta el 31 de enero) (San Vicente del Condado. Villafruela del Condado)

1279. La víspera de Santa Brígida y San Severo,
el primer día de febrero.

(Fresno de la Vega)

1280. Ir a San Blas, - que ya no vienen fiestas más,
que ahí viene Santa Águeda - que todas las arrebaña.

(Villaquilambre)

1281. Mocitas, a San Blas, - que fiestas no vienen más;
viene Santa Águeda, - que todas las arrebaña.

(San Bartolomé de Rueda)

1282. Para San Blas, - crecen los días lo que una vieja salta para atrás.

(Fuentes de Peñacorada)

1283. Pa San Blas, - hora y media más.

(Laguna Dalga)

1284. Por San Blas, - la cigüeña verás. [cigüeñas verás.]
(Castrocalbón. Mansilla del Páramo. Valdefuentes del Páramo)

1285. Por San Blas - la cigüeña verás
y, si no la vieres, - mal año esperes.[130]

(Carbajal de Rueda)

1286. Por San Blas, la cigüeña verás;
y, si no la vieres, mal año de mieses.

(Cerezales del Condado)

---

130 P. Morán (1924): 37.

1287. Por San Blas, - una hora más.

(Villacidayo)

1288. San Blas, en febrero, - echa la brasa al reguero.

(Villacidayo)

1289. Cuando la Candelaria llora - el invierno ya está fora;
cuando no llora ni ha llorado - el invierno no ha pasado.[131]

(Villacidayo)

1290. Cuando la Candelaria llora - el invierno ya va fora;
que llore o que deje de llorar - el invierno está por pasar.

(San Bartolomé de Rueda)

1291. Por Antruido todo pasa.

(*Antruido*: Carnaval)
(Valdepolo)

1292. En Santa Lucía, crece el día;
mientras la gallina muda, él pía.

(Sabugo)

1293. Por Santa Lucía, - crecen los días
al paso de una gallina.[132]

(Valderilla de Torío)

---

131 "Cuando la Candelaria plora, el invierno fora." (Hernán Núñez: f. 101 v.)

"Cuando la Candelaria plora, el invierno es fora; cuando ni plora ni hace viento, el invierno es dentro; y cuando ríe, quiere venire. / "Da a entender el refrán que si llueve bien por la Candelaria, que es a principio de hebrero, que con aquello desencona el tiempo y se acaban las aguas y el invierno y comienza tiempo claro, y si no, que lloverá después y se tardará más el verano. El vulgo divide el año en invierno y verano; los astrólogos y escritores, en cuatro partes: en verano, que comienza en Hebrero y acaba en abril; en estío, otoño, invierno." (Correas: 137)

Pelegrín: 97.2. Procesiones: 305-306.

132 "De Sancta Lucía a Nadal, el di eslonga un pas de gal. / En Italiano. Desde Santa Lucía a Navidad, el día cresce un paso de gallo." (Hernán Núñez: f. 29 r.)

""Día de Santa Lucía, crece el día un paso de gallina", este refrán es de las viejas" (Covarrubias: 623)

1294. Santa Lucía, - crecen los días
al paso de una gallina.

(Valtuille de Arriba)

1295. Para San Matías,
igualan las noches a los días.[133] [igualan las noches con los días.]

(Fuentes de Peñacorada. Laguna Dalga)

1296. Por San Matías, - igualan las noches con los días.

(Mansilla del Páramo. Riaño)

1297. Por San Matías, - igualan las noches con los días,
calientan las aguas frías - y entra el sol en las umbrías.[134]

(Cerezales del Condado)

1298. El día de San Marcos tu garbanzal - ni nacido ni por sembrar.[135]

(Gradefes)

1299. Por San Marcos, - los garbanzos
ni nacidos - ni en el saco.

(Villanueva del Árbol)

1300. Por San Marcos, tu garbanzal
ni nacido ni por sembrar.

(Villafruela del Condado. Villanueva del Árbol. Villaturiel)

1301. Por San Marcos, tu garbanzal - ni nacido ni por sembrar.
Y la vieja que lo decía - de las tres maneras los tenía.

(Villaverde de Arriba)

---

133 "San Matías, marzo a cinco días." (Hernán Núñez: f. 116 r.)

134 "A quince de marzo da el sol en la sombria, y canta la golondrina." (Hernán Núñez: f. 13 v.)
   "A quince de marzo, da el solen la sombria y canta la goloncrina." (Correas: 63)

135 "Del garbanzo te sé contar, que por abril, ni ha de estar nascido, ni por sembrar." (Hernán Núñez: f. 32 r.) "En
   mayo el garbanzal, ni cogido ni por sembrar." (Hernán Núñez: f. 48 vto.)
   "En marzo, el garbanzal ni nacido ni por sembrar; o en mayo." (Correas: 196)

1302. Por la Cruz - monte reluz
y a mediaos de mayo - monte cerrado.

(Villacidayo)

1303. San Urbano
se lo lleva con la mano.

(Sahagún)

1304. Por la Ascensión, - las lobas paridas son.

(Villacidayo)

1305. Del Corpus a la Ascensión,
siete días son.

(Pinilla de la Valdería)

1306. Hasta San Juan, - no te quites el gabán.

(Matadeón de los Oteros)

1307. El día de San Pedro - te puse el ramo,
porque el día de San Juan - estaba malo.

(Soto de Valdeón)

1308. La noche de San Pedro - te puse el ramo;
la de San Juan no pude, - que estuve malo.

(Garfín. Sahechores)

1309. Por San Agustín,
saltan las truchas - al pilpirilpil.

(Saelices del Payuelo)

1310. Si hubiera dos Sanmigueles al año,
no paraban mozos con amo.[136]

(Alude a la costumbre de contratar a los mozos por San Miguel.)
(Valdevimbre)

---

136 “San Miguel de las uvas, tarde vienes y poco duras: si vinieses dos veces al año, no quedaría mozo con amo.”
(Hernán Núñez: f. 117 r.).

1311. Por San Mateo - siembra tu centeno.

(Mansilla de las Mulas)

1312. Tempero de San Miguel,
guárdete Dios de él.

(Villalfeide)

1313. El ajo fino - por San Martino.

(Saelices del Payuelo. Villacidayo)

1314. El ajo fino, - por San Martino;
fino es - por San Andrés;
y picón, - por San Antón.

(Villaturiel)

1315. Por San Martino, - siembra tu ajo fino.

(Castrocalbón)

1316. Por San Martino, - siembra tu ajo fino
y mata tu cochino.

(San Félix de la Valdería)

1317. A matar el gocho, - que llega San Martin.

(Laguna Dalga)

1318. En San Martín, - coge el puerco por el focín.

(Getino)

1319. Por San Martino, - mata el pobre su cochino;[137]
por San Andrés, - mata el rico todos tres.

(Villar del Monte)

1320. Por San Judas, - espitan las cubas.
Y por San Andrés - el vino es.

(Villarmeriel)

---

137 "Por San Andrés toma el puerco por el pie; o por los pies." (Correas: 405)
   "Por San Martino encierra tu vino; por San Tomé toma el cochino por el pie." (Correas: 406)

1321. Por San Andrés, - el rico mata tres.
("Tres cerdos o cochinos.")

(San Félix de la Valdería)

1322. Por Santa Lucía, el paso una gallina.

(Cerezales del Condado)

1323. Por Santa Lucía, - crecen las noches y merman los días.

(Matadeón de los Oteros)

1324. Por Santa Lucía,
merma la noche y crece el día[138]
la pata una gallina.

(Castrocalbón)

1325. Por Santa Lucía,
merman las noches y crecen los días
la pata de una gallina.

(Castrocalbón)

1326. Santa Lucía,
merma la noche y crece el día.

(Calzada de la Valdería)

1327. El que a Santa Eugenia va - y allá duerme
en un mes va - y en otro viene.

(Villanueva del Árbol)

1328. Santa Pantalia - parió por un dedo;
todo podrá ser, - pero yo no lo creo.

(Quintana del Monte)

---

138 "Santa Lucía, mengua la noche y cresce el día." (Hernán Núñez: f. 117 r.)

LOS DOMINGOS DE CARNAVAL, CUARESMA, SEMANA SANTA Y PASCUA

1329. El día de Lázaro, - matamos el pájaro;
el día de Ramos, - lo pelamos
y lo echamos en sal,
para el día de Pascua - almorzar.

(Pinilla de la Valdería)

1330. El Domingo de Rebeca - cargué la escopeta,
el Domingo de Lázaro - maté un pájaro,
el Domingo de Ramos - lo metí de sal,
para el día de Pascua - desayunar.

(Corporales)

1331. Domingo Gordo - matamos un tordo,
el Domingo Ramos - le pelamos
y el día Pascuilla - le echamos en tortilla.

(Saelices del Payuelo)

1332. El Domingo Gordo, - matamos un tordo;
el Domingo de Ramos, - lo pelamos;
y el día Pascua, - lo almorzamos.

(Huerga de Frailes)

1333. El Domingo Gordo, - matamos un tordo;
el Domingo de Ramos, - lo pelamos;
y el día Pascua, - lo guisamos.

(Quintanilla del Monte)

1334. El Domingo Gordo - matamos un tordo,
el Domingo Ramos - le pelamos
y el día Pascua - le cenamos.

(Gradefes)

1335. El Domingo Gordo - matamos un tordo;
el día el Domingo Ramos, - le pelamos
y el día Pascuilla - le echamos a la escudilla.
(Villamayor del Condado)

1336. El Domingo Gordo - matamos un tordo,
el Domingo de Ramos, - le pelamos
y el día Pascuilla, - le metemos a la escudilla.
(Villafruela del Condado)

1337. El Domingo Gordo - matamos un tordo,
el Domingo Ramos - le pelamos
y el día Pascuilla - le hacemos en una tortilla.
(Santa María del Condado)

1338. El Domingo Gordo - matamos un tordo,
el Domingo Ramos - le pelamos
y el día Pasquilla - le hacemos en tortilla.
(Valdealcón)

1339. El Domingo Gordo - matamos un tordo,
el Domingo Ramos - le pelamos
y el día Pasquilla - le hacemos en una tortilla.
(Villacidayo)

1340. El Domingo Gordo - matamos un tordo,
el Domingo Ramos - lo pelamos
y el día Pascuilla - lo echamos en la escudilla.
(San Bartolomé de Rueda)

1341. El Domingo Gordo - matamos el tordo,
el Domingo Ramos - le pelamos
y el Domingo Pasquilla - le hacemos en una tortilla.
(Herreros de Rueda)

1342. El Domingo Lázaro - matamos un pájaro,
el Domingo Ramos - lo pelamos

y el día Pascuilla - lo echamos a la escudilla.

(Villanueva del Árbol)

1343. El Domingo Lázaro - matamos un pájaro;
el Domingo Ramos, - lo pelamos;
y el Domingo de Pascua - lo guisamos.

(Valdefuentes del Páramo)

1344. El Domingo Lázaro, - pillé un pájaro;
el Domingo Ramos, - lo pelamos;
....
mientras la misa - se hizo ceniza,
mientras el sermón - se hizo carbón.

(Villar del Monte)

LA SEMANA DE LA ASCENSIÓN

1345. Lunes, letana; - martes, letana;
miércoles, letana; - jueves, la Ascensión.

(San Bartolomé de Rueda)

1346. Lunes, letana; - martes, letana;
miércoles, letana; - jueves, la Ascensión;
viernes, a la escuela; - sábado, al rincón;
domingo, los azotes - de Nuestro señor.[139] [al que no sepa la lección]

(Cubillas de Rueda)

1347. Lunes, letania; - martes, letania;
miércoles, letania; - jueves, la Ascensión;
viernes, a concejo; - sábado, a León;
domingo, por ser domingo, - to la semana, en procesión.

(Villanueva del Condado)

---

139 "La excusa que un escolar dió al maestro por haber faltado toda la semana anterior: / "Lunes, rogativa; / martes, rogativa; / miércoles, rogatón; / jueves, la Ascensión: / viernes, coció mi madre; / sábado, no pude venir, señor." (López de Guereñu: 156)

1348. Lunes, letania; - martes, letania;
miércoles, letania; - jueves, la Ascensión;
viernes, a concejo; - sábado, a León;
y el domingo, - golondrón.

(*Golondrón*: «Jolgorio, fiesta».)
(Villaturiel)

1349. Lunes, letania; - martes, letania;
miércoles, letania; - jueves, la Ascensión;
viernes, a la escuela; - sábado, al rincón.

(Villacidayo)

1350. Lunes, letania; - martes, letania;
miércoles, letania; - jueves, la Ascensión;
viernes, a Mansilla; - sábado, a León.

(Sahechores)

1351. Lunes, letania; - martes, letania;
miércoles, letania; - jueves, la Ascensión;
viernes, a Mansilla; - sábado, a León;
y domingo, - todos en procesión.

(Nava de los Caballeros)

1352. Lunes, letania; - martes, letania;
miércoles, letania; - jueves, la Ascensión;
viernes, a Mansilla; - sábado, a León;
y *to* la semana - de procesión.

(Burgo Ranero)

1353. Lunes, letania; - martes, letania;
miércoles, letania; - jueves, la Ascensión;
viernes, a Mansilla; - sábado, a León;
y toda la semana - de procesión.

(Herreros de Rueda. Puente Villarente)

1354. Lunes, letania; - martes, letania;
miércoles, letania; - jueves, la Ascensión;
viernes, a Mansilla; - sábado, a León;

y toda la semana - en procesión.

(Saelices del Payuelo)

1355. Lunes, letania; - martes, letania;
miércoles, letania; - jueves, la Ascensión;
viernes, a paseo; - sábado, a Leon;
y domingo, por ser fiesta, - de procesión.

(Villarmún)

1356. Lunes, letania; - martes, letania;
miércoles, letania; - jueves, la Ascensión;
viernes, a Mansilla; - sábado, a León;
y el domingo, - a celebrar la procesión.

(Devesa de Curueño)

1357. Lunes, letania; - martes, letania;
miércoles, letania; - jueves, la Ascensión;
viernes, a cendera; - sábado, a León;
y el domingo, por ser domingo, - a pagar la contribución.

(Villafruela del Condado)

1358. Lunes, letania; - martes, letania;
miércoles, letania; - jueves, la Ascensión;
viernes, a Mansilla; - sábado, a León;
y domingo, por ser domingo, - a pagar la contribución.

(San Vicente del Condado)

1359. Lunes, letania; - martes, letania;
miércoles, letania; - jueves, la Ascensión;
viernes, al monte; - sábado, a León;
y domingo, - a pagar la contribución.

(Villanueva del Árbol)

1360. Lunes, letania; - martes, letania;
miércoles, letania; - jueves, la Ascensión;
viernes, al monte; - sábado, a León;
y el domingo, - a pagar la contribución

(Villamoros de las Regueras)

1361. Lunes, letania; - martes, letania;
miércoles, letania; - jueves, la Ascensión;
viernes, de paseo; - sábado a León;
y toda la semana - de procesión.

(Santibáñez del Bernesga)

1362. Lunes, letania; - martes, letania;
miércoles, letania; - jueves, la Ascensión;
viernes, pal monte; - sábado, a León;
y toda la semana - de procesión.

(Cuadros. Valsemana)

1363. Lunes, letania; - martes, letania;
miércoles, letania; - y jueves, la Ascensión.

(Carbajal de Rueda)

1364. Lunes, letania; - martes, letania;
miércoles, letania; - jueves, la Ascensión;
viernes, de paseo; - y sábado, a León.
Y así toda la semana - de procesión.

(Mellanzos)

1365. Lunes, letania; - martes, letania;
miércoles, letania; - jueves, la Ascensión;
viernes, de paseo; - sábado, a León;
y toda la semana - de procesión.

(Villaobispo de las Regueras)

1366. Lunes, letanía; - martes, Villasfrías[140];
miércoles, letanía; - jueves, la Ascensión;
viernes, a concejo; - sábado, a León;
y el domingo todos - a pagar la contribución.

(Vegas del Condado. Villanueva del Condado)

---

140 Ermita, de advocación mariana homónima, ubicada en la comarca del Condado, en el valle del Porma.

1367. Lunes, rogativa; - martes, rogación;
miércoles, la letanía; - y jueves, la Ascensión.

(Pobladura de Pelayo García)

EL COLOR DEL CABELLO

1368. Los de los pelos crespos
son poco buenos.

(Villacidayo)

EL BOSTEZO

1369. El bocesar no quiere mentir:
o quiere comer o quiere dormir.

(Prada de Valdeón)

1370. El bostezar no quiere mentir:
Tienes hambre o ganas de dormir.

(Cubillas de Rueda)

1371. Hambre, o sueño,
o flojedad del dueño.

(Cuadros)

1372. Hambre, sed, cansancio, sueño
o falta de dueño.[141] [o amor de dueño.]

(Villacidayo)

1373. Hambre, sueño
o aburrimiento.

(Castrocontrigo)

---

141 "Bostezo luengo, hambre, o sueño. / "Añaden algunos, O ruindad que tiene en el cuerpo su dueño." (Hernán
Núñez: f. 19 r.)

1374. Hambre, sueño
o ronda el dueño.
O no gusta la conversación.

(Herreros de Jamuz)

1375. O hambre, o sueño,
o falta de dueño.

(Riaño. Villar del Monte)

1376. O ter fame, o ter sono.

(Pereda de Ancares)

1377. Tienes hambre, sueño
o falta de dueño.

(Ruiforco -de Torío)

EL ESTORNUDO

1378. Dios te case
con un buen mozo - y que no tarde.

(Morgovejo)

1379. Dios te case
y a los demás que no nos falte.

(Villanófar)

1380. Dios te críe pal cielo.

(Si es un niño el que estornuda.)
(Herreros de Rueda)

1381. Dios te críe, que no hay leche.

(Castrocontrigo)

1382. Dios te críe, que no hay leche,
que está la vaca en el prao - y no le ha bajao.

(Ábano)

1383. Dios te críe, que no hay leche,
que están las cabras tiñosas.

(Herreros de Jamuz)

1384. Dios te críe y te haga grande
pa que no falte quien te mande.

(Se le dice al que estornuda.)
(Villacidayo)

1385. Dios te críe y te haga grande,
que no faltará quien te mande.

(Cubillas de Rueda)

EL HIPO

1386. Anda, que le comiste el espinazo a la iglesia.

(Corporales)

1387. Hipo tengo,
a mi novio - se lo entrego;
y, si es que me quiere,
que con él se quede.

(Herreros de Jamuz)

1388. Hipo tengo,
al que más quiero - se lo recomiendo;
y, si bien me quiere,
que con él se quede.

(Villar del Monte)

LA ENFERMEDAD

1389. Mal, no vengas,
que disculpa no tengas.

(Villanófar)

1390. Mal que no es de ahora
ya no mejora.

(Villacidayo)

1391. –Sana, buba, sana, - culito de rana;
si no sanas hoy, - sanarás mañana.

(Prioro)

1392. –Sana, sanita, sana;
si no sanas hoy, - sanarás mañana.

(Grajal de Campos)

LAS COSAS

1393. Nunca compres cosa vieja
no siendo teja.

(Villacidayo)

1394. Las cosas claras
y el chocolate espeso.
No le beses el culo
a todos estos.

(Valdefuentes del Páramo)

ORACIONES TRADICIONALES

SEÑOR MÍO JESUCRISTO:

1395. Señor mío Jesucristo, - dueño de mi corazón,
perdóname los pecados, - vos bien sabéis los que son.
Cumplidme la penitencia, - echadme la absolución,
si esta noche me muero - me sirvan de confesión.[142]

(Villacidayo)

JESUCRISTO CANTÓ MISA

1396. Jesucristo va pa misa - con gran serenidad,
lleva la hostia en el cáliz - y la lleva a consagrar,
de un lado va San Pedro, - del otro va San Juan,
en medio de... - los doce apóstoles van,
todos se sientan en una mesa, - todos comen del mismo pan.
–Por la mañana, hijos míos, - os tengo que confesar,
os doy mi cuerpo y alma - por la mañana almorzar.[143]

(Campo de Villavidel)

DIOS CONMIGO:

1397. Dios conmigo, - yo con Él,
hasta la Casa santa - de Jerusalén.

(Puente Castro)

1398. Dios conmigo, - yo con Él,
hasta la Casa santa - de Jerusalén.
–Marcha de ahí, - mal enemigo,
no duermas conmigo,

---

142 Rodríguez Marín I: núms. 1011, 1012 y 1013, 413-414.

143 Rodríguez Marín I: nº 1054, 425.

que yo duermo con Dios
y Dios Padre conmigo.

(Campo de Villavidel)

1399. Dios conmigo – y yo con Él,
Dios delante – y yo tras de Él.
Que si Dios me adormece,
que si Dios me velase,
a las doce candelitas,
ángel, guardadme.

(San Martín de Torres)

1400. Dios conmigo – y yo con él,
y el arcángel – San Gabriel.
San Juan está en Roma
cantando la misa de honras,
San Juan la dice
y San Pedro la encorda;
dichosa es el alma
que expira a tal hora.

(Valdefuentes del Páramo)

CON DIOS ME ACUESTO:

1401. Con Dios me acuesto, - con Dios me levanto,
con la Virgen María - y el Espíritu Santo.[144]

(Campo de Villavidel. Orallo)

1402. Con Dios me acuesto, - con Dios me levanto,
si me adormezco, - Señor, despertadme;
si me muero, - Señor, alumbradme
con las siete candelitas - de la eternidad.

---

144 Rodríguez Marín I: n° 1039, 421.
P. Morán (1924): 34, 40-41.
Irigoyen: 71-74.
Torner: 60.

San Pedro está en Roma - diciendo la misa de l'hora,
San Juan la canta, - Santiago la adora;
bendito y alabado - el que suspira en tal hora.
Cien palominas - y un palomar
suben y bajan - al pie del altar,
tocan a santo, - rezan a Dios,
besan la mano - de la Madre de Dios.

(Genestosa)

1403. Con Dios me acuesto, - con Dios me levanto,
con la gracia de Dios - y el Espíritu Santo.
Mal enemigo, - no vengas conmigo,
que yo voy con Dios - y Dios viene conmigo.
Como me echo en esta cama, - me echaré en la sepultura,
en la vida y en la muerte, - acuérdate, Virgen pura.
Cuántos hombres y mujeres - se acuestan sanos y salvos
y a la mañana amanecen - sus pestañas, Virgen, muertas.
Por Dios, te pido, Señora, - que no seamos uno de ellos,
que nos dejes confesar - y recibir los santos sacramentos.

(Puente Castro)

LA DULCE COMPAÑÍA:

1404. Señor mío Jesucristo, - yo me voy para mi cama
con el santo de mi nombre, - con el ángel de mi guarda.
San Pedro, llaves del cielo, - San Miguel, me pese el alma
y la Virgen de la Guía - y la gloriosa Santa Ana.
Dulce Jesús de mi vida, - prenda de mi corazón,
a vos confieso mis culpas, - que bien sabéis las que son;
mandadme la penitencia - y echadme la absolución
que si me muero esta noche - me sirva de confesión.

(Nava de los Caballeros)

1405. Ángel de mi guarda, - dulce compañía,
tú que no me abandonas - ni de noche ni de día,
en la soledad, en la oscuridad - y en este silencio de la noche
me defiendes del demonio - cubriendo sobre mi pecho

tus alas de nácar y oro.
Ángel de Dios que yo escuche - tu mensaje, que lo siga
y que me lleves tú siempre - hacia Dios que me lo envía.
Aunque espíritu invisible, - sé que estás siempre a mi lado,
escuchas mis oraciones - y cuentas todos mis pasos.
Y allá, en la eternidad, - juntos los dos nos veamos.

(Valdefuentes del Páramo)

JESÚS, JOSÉ Y MARÍA:

1406. Jesús, José y María,
os doy el corazón - y el alma mía.
Jesús, José y María,
asistirme - en mi última agonía.
Jesús, José y María,
haced que descanse - en paz el alma mía.

(Campo de Villavidel)

JESUSITO DE MI VIDA:

1407. Jesusito de mi vida, – tú eres niño como yo,
por eso te quiero tanto – y te doy mi corazón.

(Bercianos del Páramo)

1408. –Jesusito de mi vida, - eres niño como yo,
por eso te quiero tanto - y te doy mi corazón.
Tómalo, tómalo, - tuyo es, mío no.

(San Martín de Torres)

A LOS PIES DE MI CAMA:

1409. A los pies de mi cama - duerme la Virgen María,
acuéstese ella, - acuésteme yo,
bendita la hora - en que Cristo nació.

(Campo de Villavidel)

CUATRO ESQUINITAS:

1410. Cuatro esquinitas - tiene mi cama,
cuatro ángeles - de la guarda.
San Lucas y San Mateo, - Nuestra Señora en el medio.
–Levántate, Pedro, - enciende candela,
mira a ver quién anda - por mi cabecera.
–Son los angelitos, - que van pal Calvario
y llevan un Niño - envuelto en un paño.
–¿Quién es ese Niño? - –El señor Salvador.
–¿Quién lo parió? - –La Virgen sin dolor.
Cruz santa,
santígüese ella, - santígüeme yo.
Bendita sea la Virgen - que está en el altar,
bendita sea la hora - que me vengo a acostar.

(Soto de Valdeón)

1411. Cuatro esquinitas - tiene mi cama,
cuatro angelitos - guardan mi alma.

(Felmín. Palacio de Torío)

1412. Cuatro esquinitas - tiene mi cama,
cuatro angelitos - guardan mi alma:
Dos a los pies, - dos a la cabecera,
la Virgen en el medio, - como buena compañera.

(Murias de Rechivaldo)

1413. Cuatro esquinitas - tiene mi cama,
cuatro angelitos - me la acompañan:
Marcos, Lucas, - Juan y Mateo,
y Jesús y la Virgen - en el medio.[145]

(Palacio de Torío)

---

145 Rodríguez Marín I: núms. 1029, 1030 y 1031, 418-419.
   Bravo Villasante: 10.

1414. Cuatro esquinitas - tiene mi cama,
cuatro angelitos - que la acompañan.

(Ruiforco de Torío)

1415. Cuatro esquinitas - tiene mi cama,
cuatro angelitos - que la resguardan.

(Garrafe de Torío)

1416. Cuatro esquinitas - tiene mi cama,
cuatro angelitos - que me acompañan.

(Canaleja de Torío. Orallo. Palacio de Torío. Val de San Lorenzo. Valderilla de Torío.
Villaturiel)

1417. Cuatro esquinitas - tiene mi cama,
cuatro angelitos - que me acompañan.
Ellos me dicen: - –Duerme y reposa,
no tengas miedo - a ninguna cosa.

(Morgovejo)

1418. Cuatro esquinitas – tiene mi cama,
cuatro angelitos – que me acompañan,
dos a los pies, – dos a la cabecera,
la Virgen María – la más delantera,
ella me dice: – –Duerme y reposa,
no tengas miedo – a la mala cosa.

(Valdesandinas)

1419. Cuatro esquinitas - tiene mi cama,
cuatro angelitos - que me acompañan:
uno me canta, - otro me mira
y otro me dice: - –¡Viva María!

(Cuadros. Valsemana)

1420. Cuatro esquinitas - tiene mi cama,
cuatro angelitos - que me la guardan.

(Millaró. Prioro. Villarmún)

1421. Cuatro esquinitas - tiene mi cama,
cuatro angelitos de Dios - me acompañan.
–Te bendigo, cama, - de esquina en esquina
para que conmigo duerma - la Virgen María.
–Te bendigo, cama, - de canto en canto
para que conmigo duerma - el Espíritu Santo.
–Te bendigo, cama, - de medio en medio
para que conmigo duerma - el santo San Pedro.

(Pobladura de Somoza)

CUANDO ME ACUESTO EN ESTA CAMA:

1422. Cuando me acuesto en esta cama,
me acuesto en la sepultura;
a la hora de mi muerte,
ampárame, Virgen pura.
Cuando en esta cama me acosté
siete angelines encontré:
Tres a la cabecera
y cuatro a los pies
y la Virgen en el medio
diciendo: –Duerme y posa
y no tengas miedo - a ninguna cosa.[146]

(Villacidayo)

ENSALADA[147] DE ORACIONES AL ACOSTARSE:

1423. Con Dios me acuesto, - con Dios me levanto,
con amor y gracia - del Espíritu Santo.
Dios conmigo, - Yo con Él;
Él delante, - yo tras Él.
Yendo por un camino, - me encontré con Jesucristo;

---

146 Rodríguez Marín I: núms. 1032, 1033 y 1034, 419-420.

147 *Ensalada*: 'Composición poética en la cual se incluyen versos de otras poesías conocidas.' (DRAE digital)

Jesucristo era mi padre, - Santa María, mi madre,
San Vicente, mi pariente, - que me hizo la cruz en la frente,
para que el enemigo no me entre
ni de día ni de noche - ni a la hora de mi muerte.
Me acostaré en esta cama, - me acostaré en la sepultura
y a la hora de la muerte, - amparadme, Virgen pura.
Santa Mónica bendita, - madre de San Agustín,
a vos entrego el alma, - que yo me vo a dormir.
A las doce de la noche, - bajó Cristo para Roma,
vestido de ánimas blancas, - pañuelo de mil colores;
a la puerta picó Cristo, - el alma no responde.
-Responde, querida mía, - regalo de tus pasiones;
yo por ti he bajado al mundo, - yo por ti me he hecho hombre.
Ves, el cielo queda abierto, - para que entres y lo goces;
para que en una silla te sientes, - para que en ella te resientes.
En el medio de tu mano derecha, - hay una corona hecha
y en el medio la corona, - un pendón colorado
y en el medio del pendón, - un monumento arimado
y en el medio el monumento - un corderito sagrado,
que está lleno de heridas - desde los pies al costado,
la sangre que de él cayese - era un cáliz consagrado;
el hombre que lo bebiese - será bienaventurado,
en este mundo será rey - y, en el otro, rey coronado.
Y el que esta oración dijiese - todos los viernes del año,
sacado de culpa y pena - está libre de pecado.
El que la sabe, no la dice, - el que la oye, no la aprende,
a la hora de la muerte - verá lo que le sucede.
Padre nuestro el pequeñín, - carrera de salvación,
perdonadme los pecados, - que bien sabes los que son,
si en esta noche me muero, - me sirvan de comunión.
Ángel, ángel de mi guarda, - santo, santo de mi nombre,
San Pedro, roguéis por mí, - San Miguel me pese el alma;
estas son las once mil vírgenes - que me acompañan el alma,
estas son las doce palabras - convenientes para el alma,
dichoso del que las dice - cuando a acostarse va a la cama.
Me acuesto en mi cama, - apago mi luz,
entrego mi alma - al Niño Jesús.
Jesús, José y María, - Os doy el corazón y el alma mía;

Jesús, José y María, - Amparadme en mi última agonía.

LEVÁNTATE, JOSÉ:

1424. –Levántate, José, - y enciende la vela,
mira quién anda - por tu cabecera.
–Son los angelitos, - que van de carrera,
llevan un niño - vestido de seda.
–¿De quién es ese niño? - –Es de María.
–¿Dónde está María? - –Esta con José.
–¿Dónde está José? - -Esta con San Pedro.
–¿Dónde está San Pedro? - –Esta con San Pablo
abriendo y cerrando - las puertas del cielo.
Tres palomitas - nun palomar
suben y bajan - al pie del altar,
tocan a misa - y van a rezar
por el ánima de Jesús - que murió en la cruz.
Pater noste, amén, Jesús.[148]

(Palacio de Torío)

PARENTESCO ESPIRITUAL:

1425. Padre Nuestro del cantorio - que subiste al refilorio,
que subistes y bajastes - y a Jesucristo encontrastes.
Jesucristo te pregunta - que si tienes padre o madre;
yo la verdad le dije: - Que padre y madre tenía,
mi padre era San José, - mi madre, Santa María,
mi pariente, San Vicente,
me hice una cruz en la frente - pa que el diablo no me tiente;
angelicos mis hermanos - me agarraron de la mano,
me llevaron a Belén, - había un corderín sangrando
y la sangre que le caía - caía en un cáliz santo;
el hombre que la bebiere

---

148 Bravo Villasante: 12. Pelegrin: 126.1. Maces (picar): 359.

en este mundo sería rey - y en el otro coronado.

(Villacidayo)

1426. La Virgen es mi madre,
los angelitos mis hermanos - me agarraron por la mano,
me llevaron a Belén, - desde Belén al Calvario,
desde el Calvario a la fuente, - allí estaba San Vicente,
me hizo una cruz en la frente - pa que el diablo no me tiente
ni de día, ni de noche, - ni a la hora de la muerte. Amén.

(Laguna de Negrillos)

1427. Yo tengo un escapulario - de la Virgen del Rocío,
cada vez que me le quito - me acuerdo de Jesucristo,
Jesucristo era mi padre, - la Virgen era mi madre,
los ángeles mis hermanos, - me agarraron de la mano,
me llevaron a Belén, - de Belén a la fuente,
allí estaba San Vicente,
me hizo una cruz en la frente, - para que el diablo no me tiente
ni de día ni de noche - ni en la hora de mi muerte.

(Campo de Villavidel)

SEÑORA SANTA ANA:

1428. Señora Santa Ana, - señor San Joaquín,
dejadme acostar con gracia - para mañana vestir.
Si me duermo, despertadme; - si me muero, alumbradme;
a las doce candelitas, - ángel, guardadme.
Y la Santa Trinidad, - Cristo está en Roma
diciendo la misa de gloria;
Cristo la dice, - San Pedro la adora;
dichosa del alma - suspira a tal hora.
Blanca María hermosa, -de Jesucristo esposa,
escalera de los cielos, - hostia consagrada,
donde está el bien de mi vida - y el consuelo para el alma.

(San Martín de Torres)

SANTA MÓNICA BENDITA:

1429. Santa Mónica bendita, - madre de San Agustín,
a Dios entrego mi alma, - porque me voy a dormir.[149]

(Villanueva del Árbol)

1430. Santa Mónica bendita, - madre de San Agustín,
a Dios entrego mi alma - que yo me voy a dormir.

(Campo de Villavidel)

1431. Santa Mónica bendita, - madre de San Agustín,
aquí te entrego mi alma, - que yo me voy a dormir.
Si me duermo, despertadme. - Y, si me muero, amparadme.

(Riaño)

1432. Santa Mónica bendita, - madre de San Agustín,
échame la bendición, - que ahora me voy a dormir.
A Jesucristo por Padre - y a San José por padrino
y los ángeles del cielo - vengan todos a dormir conmigo.

(Villacidayo)

1433. Santa Mónica, la viuda, - madre de San Agustín,
dadme salud pa ir a la cama - y la mañana vestir.
Si me muero, perdonadme;
a San José pongo por padre - y a San Juan por padrino;
los ángeles del cielo - que bajen a dormir conmigo.

(Villanueva de Jamuz)

A SAN ANTONIO:

1434. Si buscas milagros, mira - muerte y error desterrados,
miseria, demonio huidos, - leprosos enfermos, sanos.
El mar sosiega su ira, - redimen encarcelados;
miembros y bienes perdidos - recobran mozos y ancianos;
el peligro se retira, - los pobres van remediados.

---

149 Rodríguez Marín I: nº 1045, 422.

Cuéntenlo los socorridos, - díganlo los paduanos.
El mar sosiega su ira, - redimen encarcelados;
miembros y bienes perdidos - recobran mozos y ancianos.
Ruega a Cristo por nosotros, - Antonio divino y santo,
para que dignos así - de tus promesas seamos.
Señor, oíd mi oración, - pues a ti suplico y llamo,
y mi clamor a ti llega, - donde hay favor y amparo.

(Laguna Dalga)

1435. Si buscas milagros, mira - muerte y horror desterrado,
miseria, demonio ido, - leprosos, enfermos, sanos;
el mar sosiega su ira, - rebinos encarcelados,
miembros y bienes perdidos - recobran mozos y ancianos;
el peligro se retira, - los pobres van remediados;
cuéntenlo los socorridos, - díganlo los paduanos;
el mar sosiega su ira, - rebinos encarcelados,
miembros y bienes perdidos - recobran mozos y ancianos.
Ruega a Cristo por nosotros, - Antonio, divino, santo,
para que dignos así - de sus promesas seamos.

(Quintana del Castillo)

A SANTA POLONIA, CONTRA EL DOLOR DE MUELAS:

1436. Santa Polonia - a la puerta estaba,
la Virgen María - por allí pasaba;
la dice: - -¿Duermes o rezas?
–Ni duermo ni rezo, - de dolor de muelas.
–Ofrécete a mí, - que soy luciente,
que traigo al Niño - Jesús en mi vientre.
El que esta oración dijera - todas las noches,
al tiempo de acostar,
dientes y muelas - le vean de callar.[150]

(Valdealcón)

---

150 Rodríguez Marín I: núms. 1063 y 1064, 427-428.

1437. Santa Polonia - a la puerta estaba,
la Virgen - por allí pasaba.
La dice:
–¿Qué haces, Polonia, - duermes o rezas?-
–Ni duermo ni rezo, - de dolor de muelas.-
–Ofrécete, hija mía, - al sol reluciente,
al Niño Jesús - que llevo en el vientre.-
El que esta oración dijera - tres veces al día
ni diente ni muela - jamás le doldría.

(Villacidayo)

A SAN BARTOLOMÉ:

1438. San Bartolomé madrugó,
sus pies y manos lavó,
a Jesucristo encontró.
–¿Dónde vas Bartolomé?
–Señor, contigo iré.
–Conmigo no irás,
al cielo subirás;
te daré un don,
sagrado varón:
En la casa
que fueras tú mentado
no caerá ni piedra ni rayo,
ni morirá mujer de parto,
ni un niño de espanto.

(Puente Castro)

A SANTA BÁRBARA:

1439. Santa Bárbara bendita,
líbranos de rayos y de centellas
y de una nube de piedra.

(Cubillas de Rueda)

1440. Santa Bárbora bendita,
que en el cielo estás escrita
con pan y agua bendita,
en el ara de la cruz,
de nuestra muerte, amén, Jesús.

(Priaranza de la Valduerna)

1441. Santa Bárbara bendita,
que en el cielo estás escrita
con papel y agua bendita,
líbranos de la tormenta
y del rayo malparado. Amén, Jesús.

(Quintana de Rueda)

1442. Santa Bárbara bendita,
que en el cielo estás escrita
con papel y agua bendita.
Santa Cruz, Cruz,
Santa Teresa de Jesús.

(Laguna Dalga)

1443. Santa Bárbara bendita
que en el cielo estás escrita
con papel de agua bendita,
cuida el pan y cuida el vino
y cuida a la gente
que anda por los caminos.

("Cuando había tormenta, además de rezar oraciones como ésta, encendía también la vela del
Jueves Santo y tocaban la esquila de la ermita de la Virgen de las Nieves.")
(Valdespino de Somoza)

ORACIONES PARÓDICAS

PADRE NUESTRO:

1444. Padre nuestro, - metido en un cesto,
tapao con adobes - y ora pro nobis.

(Turcia)

1445. Padre Nuestro,
metido en un cesto
tapado con adobes,
miserere nobis.

(Pobladura de Pelayo García)

1446. Padre Nuestro,
metido en un cesto
tapado con adobes,
pa que no lo coman los ratones.

(Pobladura de Pelayo García)

1447. Padre Nuestro, - metido en un cesto
tapao con harina, - dale palos encima.

(Villanueva del Condado)

1448. Padre nuestro, - metido en un cesto
tapao con harina - y palos encima.

(Olleros de Alba. San Martín de Torres. Santa Colomba de Somoza)

1449. Padre nuestro,
que viene el maestro - metido en un cesto
lleno de harina - y palos encima.

(Santa Olaja de Eslonza)

1450. Padre nuestro,
que viene el maestro - metido en un cesto

tapao con harina - y palos encima.

(Gradefes. Sahechores)

LA MISA:

1451. –Oremos.
–Si queremos.

(Olleros de Alba)

LA CONFIRMACIÓN:

1452. Soy el obispo de Roma,
pa que te acuerdes, toma.

(Sahechores)

1453. Yo soy el obispo de Roma,
pa que te acuerdes, toma.

(Gradefes)

1454. Yo soy el obispo de Roma,
para que te acuerdes de mí, toma.

(Olleros de Alba)

EL CATECISMO:

1455. –¿Quién es Dios?
–Es un hombre muy grandón
que anda atropando colillas
por la estación.
–¿Quién te lo dijo?
–Mi hermano Tilo.

(Pobladura de Pelayo García)

BENDICIÓN PARÓDICA DE LA MESA:

1456. La bendición de minus mangus,
que no vengan más de los que estamus
y, si viene alguno más,
que Dios con su poder
que no le dé ganas de comer.

(San Martín de Torres)

LOS JUEGOS INFANTILES

PARA ENTRETENER A NIÑOS MUY PEQUEÑOS:

1457. Aserrín, aserrán, - mañanitas de San Juan,
los de alante corren mucho, - los de atrás se quedarán.[151]

(San Román de Bembibre)

1458. La mano muerta, - los perros en la puerta
piden pan, - no se lo dan;
agarran la cacha: - -¡pan, pan, pan![152]

(El adulto conduce, relajada, la mano del niño, moviéndola hacia arriba y abajo; al recitar
«-¡pan, pan, pan!», le da al niño en la cara con su propia mano.)
(Villacidayo)

1459. La mano muerta,
los pollos en la puerta;
la mano descornada
le dio una patada.

(Para entretener a los niños muy pequeños.)
(Quintana del Castillo)

---

151 Hernández de Soto: nº 7, 59.
    P. Morán (1924): 18.

152 Rodríguez Marín I: núms. 53 y 155, 65 y 86 respectivamente.

1460. –Maragato, pato, - rabo de cuchar,
  ¿cuántos años faltan - para irme a casar?
  –Tengo veinticinco - y un maragatín
  con las bragas anchas - y el culo piquiñín.[153]

  (Cuadros)

1461. –Maragato, pato, - rabo de cuchar,
  ¿cuántos años tienes - para ir a casar?
  –Tengo cinco meses, - un maragatín
  con las bragas anchas - y el culo pequeñín.

  (Se sienta al niño en el regazo de la persona adulta y, a la vez que se recita, se le cogen las
  manitas, dando palmas.)
  (Villacidayo)

1462. –Maragato, pato, - rabo de cuchar,
  ¿cuántos años tienes - para irte a casar?
  –Tengo veinticinco - y un maragatín
  con las bragas anchas - y el culo pequeñín.

  (Villaverde de Abajo)

1463. –Maragato, pato, - rabo de cuchar,
  ¿cuántos años tienes - pa volverte a casar?
  –Tengo veinticinco - y un maragatín
  con las bragas anchas - y el culo chiquitín.

  (Olleros de Alba)

1464. –Pati, pati, - pati, patipierna,
  ¿quién te gobierna?
  –El gobernador - de Villapadierna.[154]

  (Se entona la fórmula a la vez que se abren y cierran las piernecitas del niño echado,
  entrechocándolas.)
  (Villacidayo)

---

153 P. Morán (1924): 37.
   Mª Campos: 201.

154 Mª Campos: 200-201.

1465. Truque, truque, - maderuque,
los del rey - saben bien,
los de la reina - también.
Truque, truque, truque...[155]

(Se balancea al niño, sentado sobre las rodillas de adulto y bien sujeta la espalda, hacia atrás y adelante, acelerando el movimiento a medida que avanza el reditado.)
(Villacidayo)

PARA TOCAR LAS PALMITAS:

1466. Tortas, tortitas, - higos y castañitas,
azúcar y turrón - para el niño golosón.

(Corporales)

1467. Tostas, tostas, - pal gallo sopas,
y pa la gallina - unas poquitinas.[156]

(Cuadros)

1468. Tostas, tostas, - para el gallo sopas,
para las gallinas - otras poquitinas.

(Ruiforco de Torío. Villanueva del Árbol)

1469. Tostas, tostas, - para el gallo sopas,
para las gallinas - unas poquitinas.

(Se sienta al niño en el regazo de la persona adulta y, a la vez que se recita, se le cogen las manitas, dando palmas.)
(Riaño. Villacidayo)

1470. Tostas, tostas, - para el gallo sopas
y pa las gallinas - unas poquitinas.

(Villarmún)

---

155 Rodríguez Marín I: nº 52, 65.
Hernández de Soto: nº 3, 56.
J. Díaz: 17.
Mª Campos: 201.

156 Mª Campos: 201.

1471. Tostas, tostas, - que viene papá;
hazlas muy bien, - que pronto vendrá.

(Millaró)

1472. Tostas, tostinas, - para una niña chiquitina.

(Villaverde de Abajo)

1473. Tostas, tostinas, - que viene papá;
tócalas bien, - que pronto vendrá.[157]

(Ruiforco de Torío)

1474. Tostas, tostitas, - que viene mamá;
si no viene ahora, - pronto vendrá.

(Olleros de Alba)

1475. Tostas, tostitas, - que viene papá;
duérmete, niño, - que pronto vendrá.

(Olleros de Alba)

1476. Tostas, tostitas, - que viene papá;
y, si no las haces, - se vuelve a marchar.

(Fontún)

1477. Tostas, tostitas, - que viene papá
y trae un perrito - que dice gua, gua.

(Riaño)

1478. Tostas, tostitas, - que viene papá
y trae un perrito - que hace gua, gua.

(Villaobispo de las Regueras)

---

157 Bravo Villasante: 49.

PARA CONTAR LOS DEDOS DE LA MANO:

1479. A la una sale la luna,
a las dos sale el sol,
a las tres sale el tren,
a las cuatro salen los gatos,
a las cinco salen los quintos.[158]

(Mansilla de las Mulas)

1480. Cinco lobitos - tiene la loba,
cinco lobitos - debajo una escoba,
cinco tenía, - cinco crió
y a todos los cinco - la teta les dio.

(Mansilla del Páramo)

1481. Cinco lobitos - tiene la loba,
cinco lobitos – detrás de la chova;
cinco tenía, - cinco criaba
y a todos los cinco - tetita los daba.

(Villafruela del Condado)

1482. Cinco lobitos - tiene la loba,
blancos y negros - detrás de la escoba;
cinco que tuvo, - cinco crió
y a todos los cinco - tetita les dio.[159]

(Villacidayo)

1483. Cinco lobitos - tiene la loba,
cinco lobitos - detrás de la escoba;

---

158 Caro II: 47. Pelegrín: 37.2. Pelota, 157-161.

159 Hernández de Soto: nº 10, 62.
Bravo Villasante: 49.
J. Díaz: 19.

cinco tenía, - cinco crió
y a todos los cinco - la teta les dio. [tetita les dio.]

(Castrillo de los Polvazares. Villafruela del Condado)

1484. Cinco lobitos - tiene la loba,
cinco lobitos - detrás de la escoba;
cinco tenía, - cinco lavaba
y a todos los cinco - al colegio mandaba.

(Villaobispo de las Regueras)

1485. Cinco lobitos - tiene la loba,
cinco lobitos - detrás de una escoba;
cinco tenía, - cinco criaba,
de todos los cinco - alguno le quedaba.

(Olleros de Alba)

1486. Cinco lobitos - tiene la loba,
cinco lobitos - detrás de una escoba;
cinco tenía, - cinco criaba
y a todos los cinco - tetita le daba. [la teta le daba.]

(San Martín de Torres. Tabuyo del Monte. Villamayor del Condado. Villanueva de Jamuz)

1487. Cinco lobitos - tiene la loba;
cinco lobitos - detrás de la escoba;
cinco tenía, - cinco criaba
y a todos los cinco - les amamantaba.

(Cerezales del Condado)

1488. Cinco lobitos - tiene la loba;
cinco lobitos - detrás de una escoba;
cinco lavó, - cinco peinó
y a todos los cinco - al colegio los mandó.

(Cerezales del Condado. Huerga de Frailes)

1489. Cinco lobitos - tiene la loba,
cinco lobitos - detrás de una loma;
cinco tenía, - cinco guardó

y a todos los cinco - la teta les dio.

(Pobladura de Pelayo García)

1490. Cinco lobitos - tiene una loba,
cinco lobitos - detrás de una toba;
cinco tenía, - cinco criaba
y a todos los cinco - tetita les daba.

(Nava de los Caballeros)

1491. Cinco lobitos - tiene la loba,
cinco lobitos - detrás de una toba;
cinco parió, -cinco crió
y a todos cinco la teta les dio.

(Alija del Infantado)

1492. Cinco lobitos - tiene la loba,
cinco lobitos - detrás de una toba;
cinco lavó, - cinco peinó
y a todos ellos - al colegio mancó.

(San Vicente del Condado)

1493. Cinco lobitos - tiene la loba,
cinco lobitos - detrás de la escoba;
cinco lavó, - cinco peinó
y a todos ellos - al colegio los mandó.

(Tabuyo del Monte)

1494. Cinco lobitos - tiene la loba,
blancos y negros, - detrás de una escoba;
cinco tenía, - cinco criaba
y a todos los cinco - tetita les daba.

(Pobladura de Yuso)

   El horada-bollos y el mata-pulgas y piojos:

1495. El dedín miñín,
su hermanín,
el mayor de todos,

el fura-bollos,
y el mata-pulgas y piollos.

(Orallo)

1496. Este, el dedo moñín;
este, el carrapatín;
este, el mayor de todos;
este, el zampabollos;
y este, el que los come todos.

(Campo de Villavidel)

1497. Este, el muñiquín;
este, o que lle sigue;
este, o mayor de todos;
este, fura-bolos;
y este, mata-piollos.

(Valtuille de Arriba)

1498. Este, el piquiñín;
este, el garrapatín;
este, el mayor de todos;
este, horaca-bollos;
y este, mata-pulgas
y cachorros.[160]

(Nava de los Caballeros)

---

160 José Pérez Vidal (Pérez Vidal: 70-72) da las siguientes fórmulas rimadas, relacionadas con las de este tipo que
mostramos:
Portugal: "Mendinho, / seu visinho, / pai de todos, / fura-bolos, / mata piolhos."
Galicia: "Este é o dedo meniño, / éste é o seu sobriño, / éste e o mayor de todos, / éste é o furabolos, / y éste o
matapiollos."
Canarias: "Este, minguiriño; / éste, su vecino; / éste, jurga huevos; / y éste mata piojos."
Y muestra, igualmente, una fuente literaria portuguesa del siglo XVII, en la que aparece: Francisco Manuel
de Melo, *Feira dos anexins*:
"–Nao sao eguaes os *dedos* das maos. / –O senhor aqui é o *maior* de todos. / –Cuidei que era o *matapiolhos*.
/ –A vista de vossemecê sou o *meninho*. / –E eu o seu visinho. / –Pois eu serei o *furabolos*. / –Ora bem
temos *dedelhado*!".
Bravo Villasante: 49.

1499. Este es el dedo meñín,
este es el garrapatín,
este es el mayor de todos,
este el zampabollos,
y este, el que mata
las pulgas y los piojos.

(Quintanilla de Rueda)

1500. Este es el dedo meñín,
este es el garrapatín,
este es el mayor de todos,
este es el que va por leña
y este, el que lo come todo.

(Valporquero de Rueda)

1501. Este es el dedo moñín,
este el cucurrusín,
este es el mayor de todos,
este es el horacabollos,
y este el que mata
la pulga y la pioja
cuando la topa, - cuando la topa.

(Morgovejo)

1502. Este es el dedo moñín,
este es el carrapatín,
este es el mayor de todos,
este es el horacabollos
y este mata pulgas y piojos.

(Carbajal de Rueda)

1503. Este es el pequeñín;
este, el maragatín;
este, el mayor de todos;
este, el aburaca-bollos;
y este, el mata-pulgas y piojos.

(Cuadros)

1504. Este, el pequeñín;
este, el hermanín;
este, el rey de todos;
este, el fura-bollos;
y este, el mata-piollos.

(Villar del Monte)

1505. Este, pequeñín;
este, el hermanín;
este, rey de todo;
este, el furabollos;
y este, el matapiojos.

(Pinilla de la Valdería)

     Las incursiones al monte y el encuentro de un huevo:

1506. El pulgar fue al monte,
el índice cogió un huevo,
el corazón lo guisó,
el anular se lo comió
y al meñique,
por ser el más parletín,
nada le tocó.

(Rioseco de Tapia)

1507. Este fue a la leña;
este la cortó;
este encontró un güevo;
este lo guisó;
y este, picaruelo,
fue y se lo comió.

(Pobladura de Somoza)

1508. Este fue a por leña,
este encontró un huevo,
este lo frío,
este lo comió
y este, por ser el más pequeño,

todo lo parló.

(Almanza)

1509. Este fue a por leña;
este la partió;
este hizo un huevo;
y este le comió;
y este, que es el más pequeñín,
todo lo parló.

(Villafalé)

1510. Este fue a por leña,
este le ayudó,
este encontró un güevo
y este le comió
y este parlanchín
todo lo parló.

(Villaobispo de las Regueras)

1511. Este fue a por leña,
este le ayudó,
este encontró un güevo,
este lo frió
y el gordo lo comió.

(Corporales)

1512. Este fue a por leña,
este le ayudó,
este encontró un huevo,
este lo frió,
y el más gordinflón fue
el que se lo comió.[161]

(Iruela)

---

161 Rodríguez Marín I: n° 60, 66.
Hernández de Soto: n° 9, 60.
J. Díaz: 29.

1513. Este fue a por leña;
este le ayudó;
este frió un güevo;
y este le comió;
y este, por más pequeñito,
todo lo parló.

(Villanueva del Condado)

1514. Este fue a por leña,
este se encontró un huevo,
este lo frió,
este puso la mesa
y este se lo comió.

(Murias de Rechivaldo)

1515. Este fue al monte,
este le ayudó,
este encontró un huevo,
este le comió
y este, por ser el más chiquitín,
todo lo parló, - todo lo parló.

(Cerezales del Condado)

1516. Este fue al monte,
este le ayudó,
este hizo los buevos
y este le comió
y este parleterín
todo lo parló.

(Villamayor del Condado)

1517. Este fue al monte,
este le ayudó,
este hizo los güevos
y este les comió
y este, por ser el máschiquitín,
todo lo parló.

(Villafruela del Condado)

1518. Este fue al monte,
este le ayudó,
este frió un huevo
y este le comió
y este, por ser más chiquitín,
todo lo parló
y nada le tocó.

(San Vicente del Condado)

1519. Este fue al monte,
este cortó leña,
este encontró un huevo,
este lo frió
y este, por ser el más pequeñín,
fue el que se lo comió.

(Orallo)

1520. Este fue al monte,
este encontró un buevo,
este le asó,
este le comió
y este lo parló
y, por parlarle,
nada le tocó.

(Morgovejo)

1521. Este fue al monte,
este encontró un güevo,
este lo cogió,
este lo frió
y el otro, por ser el más listo,
se lo comió.

(Mansilla del Páramo)

1522. Este fue al monte,
este encontró un huevo,
este lo frió,
este lo comió

y este,por ser el más chiquitín,
todo lo parló.

(Tabuyo del Monte)

1523. Este fue al monte,
este encontró un huevo,
este lo fritió,
este lo comió
y este parlanchín
todo lo parló.

(Pobladura de Yuso)

1524. Este fue al monte,
este encontró un huevo,
este fue por leña,
este lo guisó
y este lo comió.

(Almanza)

1525. Este fue al monte,
este encontró un huevo,
este le asó,
este le comió
y este, por ser más pequeñín,
todo lo parló.

(Quintanilla de Rueda)

1526. Este fue al monte,
este encontró un huevo,
este le frió,
este le comió,
y el más pequeñín
todo lo parló.

(Fabero)

1527. Este fue al monte,
este encontró un huevo,
este le frió,

este le comió,
y este, por ser el más chiquitín,
todo lo parló.

(Riaño)

1528. Este fue al monte,
este encontró un huevo,
este lo frió,
este lo comió
y este, el parlanchín,
que todo lo parló.

(Villar del Monte)

1529. Este fue al monte,
este encontró un huevo,
este lo frió,
este lo comió
y este fue el parlanchín
que todo lo parló.

(Herreros de Jamuz)

1530. Este fue al monte,
este encontró un huevo,
este le guisó,
este le comió
y este, por ser el más pequeñito,
todo lo parló.

(Saelices del Payuelo)

1531. Este fue al monte,
este encontró un huevo,
este le guisó,
este le comió
y este, por ser más parleterín,
nada le tocó.

(Villarmún)

1532. Este fue al monte,
      este encontró un huevo,
      este lo guisó,
      este lo comió
      y este, por ser tan pequeñín,
      nada le tocó.

      (San Martín de Torres)

1533. Este fue al monte,
      este encontró un huevo,
      este le guisó,
      este lo comió
      y este, por ser el más pequeñín,
      todo lo parló.

      (Villanueva del Árbol)

1534. Este fue al monte,
      este encontró un huevo,
      este lo frió,
      este lo comió
      y este, por ser el más pequeñín,
      todo lo parló.

      (Palacio de Torío)

1535. Este fue al monte,
      este encontró un güevo,
      este lo peló,
      este lo guisó
      y este, por ser más pequeñito,
      todo lo parló.

      (Pobladura de Pelayo García)

1536. Este fue al monte,
      este encontró un huevo,
      este lo fritió,
      este lo comió,
      y este parletín

320

a todos se lo contó.

(Palacios de Jamuz)

1537. Este fue al monte,
este encontró un huevo,
este lo guisó,
este lo comió
y este, por ser el más parleterín,
nada le tocó.

(Ruiforco de Torío)

1538. Este fue al monte,
este encontró un huevo,
este lo guisó,
este lo comió
y este, por ser más chiquitín,
todo lo parló.

(Valdealiso)

1539. Este fue al monte,
este le ayudó,
este hizo los huevos,
este les comió
y este parleterín
todo lo parló.

(Villamayor del Condado)

1540. Este fue al monte,
este fue por leña,
este encontró un huevo,
este le comió
y este, por ser el más pequeñín,
todo lo parló.

(Villacidayo)

1541. Este fue por leña,
este la picó,
este puso un huevo,

este le comió
y este parlanchín
todo lo parló.

(Nava de los Caballeros)

1542. Este dice: merendemos;
este dice: no tomemos;
y este dice: quitar
las llaves al padre abad;
y este dice: no, no, no,
que está aquí el pequeñín
que todo lo parlará.[162]

(Villafalé)

PARA CONTAR LOS BOTONES:

1543. Botón, botella,
la Virgen de las estrellas.

(Villacidayo)

PARA SORTEAR O EMPEZAR LOS JUEGOS. PARA ESCONDERSE:

1544. A la aceitera, - a la vinagrera,
a las tres cosas - amarrar
y no dar, - dar sin reír,
dar sin hablar - y a escapar.[163]

(Mansilla de las Mulas)

---

162 Procedente de los sefardíes de Salónica [en Michael Molho, Usos y costumbres de los sefardíes de Salónica, Madrid, 1950.] (J. Díaz: 30)

163 Hernández de Soto: nº 14, 160.
   P. Morán (1924): 19.

1545. A la una, a la otra, - al potrín, a la potra,
al potrín, al potrón, - el que pierda al montón.

(Villaturiel)

1546. Ajo, desajo, - sal y cascajo,
burriquito mocho, - cuéntame las ocho.

(Villamayor del Condado)

1547. Ajo, tasajo, - pan de cascajo;
burriquito mocho, - cuéntame las ocho,
que las ocho - justas, justas son.

(Nava de los Caballeros)

1548. Al esconderite, lerite, - vía, lirón,
cien gallinas - y un capón,
el capón - estaba muerto,
cien gallinas - en el huerto,
tú por tú,
dijo el rey - que salieras tú.

(Campo de Villavidel)

1549. Apetén, sensú,
cucu, male, tú,
sal fuera ya tú.

(Granja de San Vicente)

1550. Apetén, sensú,
cucu, male, tú,
salvadito estás tú.

(Villacidayo)

1551. Blo, blo,
chibiricú, chibiricá, - chibiricur, curi, fa,
chibiricuri, curi, fero, - me las dan y no las quiero.
Mét)elas en el sombrero - de aquel hombre pordiosero.[164]

(Ponferrada)

---

164 Bravo Villasante: 47.

1552. –Botón, señorita, ladrón,
tienes novio, ¿sí o no?

(Castrillo de los Polvazares)

1553. Carlos V fue a la guerra - montadito en una perra;
la perra se murió - y Carlos V allá quedó.

(Villanueva de Jamuz)

1554. Chillo millo - mata un grillo
por las puertas - de mi primo.
Santa Roma, - Portugal,
no me quiso - convidar.
Clavo, clavo - para el caballo;
cinta d´or - para el amor.
Cucurucú, - que salgas tú.

(Corporales)

1555. –China, china, - capuchina,
¿en qué mano - está la china?[165]

(Puente Castro)

1556. –¿Cuántas patas - tiene un gato?
–Una, dos, - tres y cuatro.[166]

(Nava de los Caballeros)

1557. De dina, de dola, - de tela, catola,
de quina a quinete,
que vino la reina - en su taburete,
que fue a Madrid, - partió un cadril,
cadril, cadrilón,
cuéntame las veinte, - que justitas me son.

(Villamayor del Condado)

1558. Don Juan de Villanaranja
de vino tinto,

---

165 P. Morán (1924): 14.

166 Bravo Villasante: 47.

de vino blanco,
de vino azul,
¿cómo te llamas tú?
....
¿cómo te apellidas tú?
....
¿cuántos años tienes tú?
Uno, dos, tres, cuatro, cinco...
[Se cuenta hasta llegar al número de los años que tiene la persona
preguntada.]
Salvadito estás tú.

(La Robla)

1559. Don Juan de Villanaranja
lo bien que fuma,
lo bien que canta,
tiene la barriga llena
de vino tinto,
de vino azul,
¿a quién salvas tú
por la puerta más azul
del Niño Jesús
que nació en Belén
y murió en la santa Cruz?

(Puente Castro)

1560. Don Macarrón, chistero,
a la maguay,
otero, tero,
ti, ti, ti,
otero, tero,
ti, ti, ti,
one, two, three.

(Villamondrín de Rueda)

1561. Don Pepito el Baldomero - se metió en un sombrero,
el sombrero era de paja, - se metió en una caja,
la caja era de cartón, - se metió en un balón,

el balón era muy fino, - se metió en un pepino,
el pepino maduró - y don Pepito se salvó.[167]

(Castrillo de la Ribera)

1562. El conejo no está aquí,
se ha marchado esta mañana,
a la tarde volverá.
Ay, ya está aquí
haciendo reverencias.
Tú buscarás
al que te guste más.

(Pallide)

1563. En la casa - de Pinocho
todos cuentan - hasta ocho:
Una, dos, - tres, cuatro,
cinco, seis, - siete y ocho.
Pi-no-cho.[168]

(León)

1564. En un café - se rifa un gallo
y siempre le toca - al número cuatro:
uno, dos, tres y cuatro.[169]

(Castrillo de la Ribera)

1565. En un café - se rifa un gato
a quien le toque - el número cuatro:
Un, dos, - tres, cuatro.

(León)

1566. En un café - se rifa un gato,
ha tocado - el número cuatro:

---

167 P. Morán (1924): 15.

168 Bravo Villasante: 43.

169 Bravo Villasante: 43.

Uno, dos, - tres y cuatro.

(Quintanilla de Rueda)

1567. En un café - se rifa un pez
a quien le toca - el número diez
uno, dos, tres, - cuatro, cinco, seis,
siete, ocho, - nueve y diez.

(Castrillo de la Ribera)

1568. En un café - se rifa un pez
a quien le toque - el número diez:
Uno, dos, tres, - cuatro, cinco, seis,
siete, ocho, - nueve y diez.

(León)

1569. En un cartel - había un pez,
así que se salva - el número diez:
Uno, dos, tres...

(Puente Castro)

1570. En un plato de lentejas - comen todos a la vez
y jugando a la baraja - sale sota, caballo y rey.
Chinita bonita - de nay, nay, nay,
me dijo tu abuelita - que salgas tú
por la puerta azul - del Niño Jesús
que nació en Belén - y murió en la cruz.[170]

(Villacidayo)

1571. Ene, tene, tú,
cape, nape, mí,
tizafá, túmbala,
para que la lleves tú.

(Granja de San Vicente)

1572. Escondite, - garabite,
garabitón,

---

170 Bravo Villasante: 43.

cien gallinas - y un capón.
Tú por tú,
dijo el rey - que salieras tú.

(Carbajal de Rueda)

1573. Escondite, lirite, - limón y naranja,
azúcar y huevo, - pan, ¡escapa!

(Puente Castro)

1574. Esta por la pita, - esta por el pitón,
esta por la prenda - de mi corazón.

(Valle de Mansilla)

1575. –Jacinto pinto
vendió las vacas - a veinticinco.
–¿En qué lugar? - –En Portugal.
–¿En qué calleja? - –En la mermeja.
Que dijo que dejara - la puerta abierta.[171]

(Correcillas)

1576. Pellisquín, - Martín,
de la cencerruca - hizo Dios una casuca.
–¿En qué lugar? - –En Portugal.
–¿En qué calleja? - –En la Mermeja.
–Salte tú - por la puerta vieja.

(Villacidayo)

1577. Las tijeras de mi abuela - se abren, se cierran.
Yo toco el cielo, - también la tierra,
yo me arrodillo - y me salgo para fuera.

(Pallide)

1578. Oh Marías, - que estáis al sol,
vuestros pechos - blancos son.
Tengo una mula - que sabe arar, retejar,
dar la vuelta - a la redonda;

---

171 P. Morán (1924): 39.

Periquita, - que te escondas,
que te vuelvas - a esconder
detrás de aquel - chupilitel.[172]

(Valdealiso)

1579. –Pajarito, - ito, ito,
¿dónde vas - tan rebonito?
–A la era - de Bardaseda.
Pin, pan, - fuera.[173]

(Quintanilla de Rueda)

1580. Pin, pin, - zarramagatín,
a la vega, a la vega, - la tortolera,
tengo un buey - que sabe arar y retejar
y dar la vuelta - al redondal,
chape, gato, - vete a echar
a la iglesia - a Portugal.[174]

(Villafalé)

1581. Pinto, pinto, - gallorinto,
que vende las vacas - a veinticinco
y los bueis - a veintiséis.
Pollo, pollar, - revuelto con sal,
sal menudito, - tengo un rapacito
que me sabe arar, - retejar, trunquillar,
dar la vuelta a la redonda - y este dedo que se esconda.

(Val de San Lorenzo)

1582. –Pinto, pinto, - gorgorito,
¿quién te dio - tamaño pito,

---

172 "Es así: pónese una rueda de muchachos y uno en medio; éste dice en alta voz, teniendo cerrados los ojos y andando a la redonda: *zarzabuca, de rabo de cuca, de cucardar, que ni sabe arar ni pan comer, vete a esconder detrás de la puerta de San Miguel*. Donde para / decir esto, aquel muchacho sale y se va a esconder, y así va repitiendo las mismas palabras y echando fuera muchachos hasta que se han ido todos." (Caro II: 134-145) Hernández de Soto: nº 2, 72.

173 Bravo Villasante: 44.

174 Bravo Villasante: 46.

que te fueras - a esconder
detrás de la puerta - de San Miguel?[175]
San Miguel - tenía un gallito
y todos - comieron de él,
menos este - pobrecito
que le toca - irse a esconder.[176]

(Villacidayo)

1583. –Pito, pito, - colorito,
¿dónde vas tú - tan bonito?
–A la acera - verdadera,
pin, pon, - fuera.

(Granja de San Vicente)

1584. –Pito, pito, - golgorito,
dónde vas tú - tan bonito.
–A la era - de mi abuela.
Pin, pon, - fuera.

(Puente Castro)

1585. –Pito, pito, - gorgorito,
dónde vas tú - tan bonito.
–A la era - verdadera.
Pin, pon, - fuera.

(Pallide)

1586. –Pito, pito, - gorgorito,
dónde vas tú - tan bonito.

---

175 "zarzabuca, de rabo de cuca, de cucandar, que ni sabe arar ni pan comer, vete a esconder detrás de la puerta de SanMiguel." (Caro II: 134)

176 José Pérez Vidal (Pérez Vidal: 68-70) nos da las siguientes fórmulas rimadas relacionadas con la nuestra:
Galicia: "Pico, pico, mazarico, / quen che deu tamaño bico?".
Azores: "Sorrobico, massarico / quem te deu tamanho bico?".
Portugal: "Pico, pico, samanico, / quem te dou tamanho bico?".
Nos da asimismo una fuente literaria: Gil Vicente, *Quem tem farelos?* (farsa):
"Quem te deu tamanho bico, / rostinho de celorico."
Bravo Villasante: 41.

–A la era - verdadera,
pin, pon, - fuera,
la vaca lechera,
tú te vas - y tú te quedas.

(Puente Castro)

1587. –Pito, pito, - gorgorito,
quién te hizo - Jesucristo.
Con qué
con la cera - verdadera.
Salte tú - por la puerta fuera.

(Villamayor del Condado)

1588. Plan,
chíbiri, cu, - chíbiri, ca,
chíbiri, curi, - curi, fa,
chíbiri, curi, - curi, fero,
me las dan - y no las quiero.[177]

(Valdealiso)

1589. Plan, chíribi, cu,
chíbiri, curi, curi, fa,
chíribi, curi, curi, fero,
chíribi, curi, curi, fa.

(Y el último ya salía, o tapaba...) (Cerezales del Condado)

1590. Tito, tito, - badilón,
tres gallinas - y un capón,
el capón - estaba tuerto,
las gallinas - en el huerto.
Zis, zas, - que afuera estás.

(Valdevimbre)

1591. Tris, tras, rosa con rosas,
coge tú la más florida y hermosa.
–¿Quién te hizo?

---

177 Bravo Villasante: 47.

–Jesucristo.
–¿Con qué? –Con la cera verdadera,
que te salgas tú pa fuera.

(Quintana del Castillo)

1592. Tú por tú,
dijo el rey - que salieras tú
por la puerta - más azul.

(Valdealcón)

1593. Tú por tú, - que salgas tú
por las puertas - de Mambrú.
Botón, - botera,
tarambique - y afuera.

(Valdevimbre)

1594. –Un avión - japonés,
¿cuántas bombas - tira al mes?[178]

(Granja de San Vicente. Villacidayo)

1595. –Un avión - japonés,
¿cuántas bombas - tira al mes?
–Seis. - –Una, dos, tres...

(León)

1596. Un botón - de la botonera,
pin, pon, - fuera.

(Valle de Mansilla)

1597. Un, dos, tres,
cuatro, cinco, seis, - siete, ocho, nueve,
diez, once, doce, - trece, catorce, quince,
dieciséis, diecisiete, - dieciocho, diecinueve,
veinte, veintiuna, - aceituna.
El que no se haya escondido - que se esconda,

---

178 Bravo Villasante: 43.

que tiempo ha tenido, - lugar y de sobra.

(Villacidayo)

1598. Un, dos, tres, - fuera la cupamansé,
entre la maransé, - fuera comansé,
anse, chuti, - la furrecupamansé.

(Nava de los Caballeros)

1599. Un gato se cayó a un pozo, - las tripas fue a revolear.
Arre, moto, piti, poto, - arre, moto, piti, pa,
salvadito quedas ya.[179]

(Pallide)

1600. Un gato se cayó a un pozo, - las tripas hicieron gua.
Arre, moto, piti, poto, - arre, moto, piti, pa.

(Cerezales del Condado)

1601. Un gato se cayó a un pozo, - las tripas hicieron gua.
Arre, moto, piti, poto, - arre, moto, piti, pa,
salvadito tú estás, - por la puerta principal
del hospital - con aguja y dedal.[180]

(León)

1602. Un gato se cayó a un pozo, - las tripas le hicieron gua.
Arre, moto, piti, poto, - arre, moto, piti, pa,
salvada estás.

(Puente Castro)

1603. Un zapato de charol
tiene sarampión. Fuera.

(Puente Castro)

1604. –Una bola - de algodón,
patín, patón,
¿sabes tú - dónde cayó?

---

179 P. Morán (1924): 13.

180 Pelegrín: 14.2. Gallinita ciega, "–Una aguja y un dedal.", 99-101.

–En [tal sitio]
–¿Has estado tú - allí alguna vez?
–Sí.
–Salvadito - estás tú.
–No.
–Fuera.

(León)

1605. Una bola de algodón,
patín, patón, melocotón,
–¿sabes tú dónde cayó
por casualidad, y sin mentir?
[Y sigue el sorteo, tras la respuesta del niño al que ha tocado responder.]
–¿Has estado tú alguna vez allí
por casualidad, y sin mentir?[181]

(Villacidayo)

1606. Una, dola, - tela, catola,
quila, quilete,
estaba la reina - en su gabinete;
vino Gil, - apagó el candil,
candil, candilón,
cuenta las veinte - que las veinte son:
Una, dos, tres...[182]

(Villamondrín de Rueda)

1607. Una, dola, - tola, catola,
quina, quineta,
estaba la reina - con su cadeneta;
vino el rey - con un cadenón;
cuenta las veinte - que las veinte son.

(Villacidayo)

---

181 J. Díaz: 209.

182 Rodríguez Marín I: nº 164, 89.
    Hernández de Soto: nº 7, 77.
    P. Morán (1924): 29.
    Bravo Villasante: 42.

1608. Una, dole, - tela, catole,
quile, quilete,
estaba la reina - en su gabinete,
vino Gil, - apagó el candil,
candil, candilón,
cuenta las veinte - que las veinte son:
Una, dos, tres...

(León)

1609. Una, dole, - tele, catole,
quile, quilete,
estaba la reina - en su gabinete,
vino Gil - apagó el candil.
candil, candilón, - justicia y ladrón.[183]

(La Robla)

1610. Una, dole, - tele, catole,
quile, quilete;
estando la reina - en su gabinete,
vino Gil, - apagó el candil,
candil, candilón, - justicia y ladrón.

(Villacidayo)

1611. Una, dole, - tele, catole,
quile, quilete,
dijo la reina - en su gabinete,
vino Gil - apagó el candil,
candil, candilón,
cuenta las veinte - que las veinte son.

(Mansilla de las Mulas. Puente Castro)

1612. Una, doli, - toli, catoli,
quili, quileta,
vino la reina - con su violeta,
vino el civil - rompió el fusil,

183 J. Díaz: 210.
   Mª Campos: 202.

fusilín, fusilón,
cuéntalas bien - que así son.

(Pallide)

1613. Una, dos, tres, - cuatro, cinco, seis...,
veintiuna - la aceituna.
El que no se haya escondido - que se esconda;
y el que no, - que responda.

(Quintanilla de Rueda)

1614. Una, dos, tres, - cuatro, cinco,
viva Carlos V, - ladrón y ministro.
LADRÓN:
Cinco navíos - hay en el mar.
MINISTRO:
Y otros cinco - en su busca van.

(Palacios de Jamuz)

1615. Una, dos, tres y cuatro,
Margarita tiene un gato,
le lava, le peina
y le manda a por tabaco.

(Puente Castro)

1616. Una mosca puñetera
se cagó en la carretera;
pin, pon, fuera.

(Villacidayo)

1617. Una mosca puñetera - se cagó en la carretera
y vinieron los bomberos - a tirarse cuatro pedos, [y tiraron cuatro pedos]
un, dos, tres y cuatro.

(Puente Castro)

1618. Yo tengo una cinta blanca
para el niño de Esperanza,
yo tengo una cinta azul
para el niño de Jesús.

Salvadito estás tú.

(Cerezales del Condado)

AL ENCONTRARSE UNA COSA:

1619. El que madruga encuentra,
más madrugó
el que lo perdió.

(Villafalé)

1620. Esta cosa me encontré,
siete veces lo diré;
si no le parece dueño,
con ella me quedaré.

(Candín)

1621. Esta cosa me he encontrado,
siete veces lo diré,
si no aparece el dueño
con ella me quedaré.[184]

(Quintanilla de Rueda)

1622. Esta prenda la he encontrado,
siete veces la he anunciado;
como no aparece amo,
con ella me he quedado.

(Quintana del Castillo)

1623. Esto yo me he encontrado,
esto yo me quedaré,
si no aparece el dueño
cuando yo cuente hasta diez:
Uno, dos, tres, cuatro...

(La Chana (El Bierzo))

---

184 Bravo Villasante: 65.

1624. Lo que se encuentra es por lo que se pierde.

(Corporales)

1625. –¿Quién perdió - lo que yo encontré,
las orejas - de un francés?
Si lo digo cuatro veces, - con ello me quedaré.

(Oville)

1626. –¿Quién encontró? - –¿Quién perdió
las orejas - de un marqués?
Si lo digo - cuatro veces,
con ello - me quedaré.

(Santibáñez de Porma)

1627. Una cosa he encontrado, - siete veces lo diré,
si me dices cómo era - ahora te lo daré.

(Millaró)

1628. Una, dos y tres,
si lo encuentras - tuyo es.[185]

(Valle de Mansilla)

PARA ENCONTRAR UNA COSA PERDIDA:

1629. A reluz, a reluz,
que yo perdí una cruz
debajo la escalera
del Niño Jesús.

(Cuadros)

---

185 Bravo Villasante: 54.

AL RECLAMARNOS LO QUE NOS HAN DADO:

1630. Burriquito, ito,
si quiero te lo quito.

(Puente Castro)

1631. El que da y quita
tiene ojos de cabrita.

(Candín)

1632. Santa Rita,
lo que se da no se quita.[186]

(Pobladura de Somoza. Villarmún)

1633. Santa Rita bendita,
lo que se da no se quita.

(Quintanilla de Losada)

1634. Santa Rita, Rita,
lo que se da no se quita.

(Barrio de Nuestra Señora. Cerezales del Condado. Corporales. Cuadros. Felmín. Gallegos de
Curueño. Garrafe de Torío. Huergas de Gordón. Mansilla del Páramo. Murias de Rechivaldo.
Pobladura de Yuso. San Vicente del Condado. Santibáñez del Bernesga. Tabuyo del Monte.
Valderilla de Torío. Vegacervera. Villafruela del Condado)

1635. Santa Rita, Rita,
lo que se da nunca se quita.

(Mansilla del Páramo)

1636. Santa Rita, Rita,
lo que se da ya no se quita.

(San Martín de Torres)

1637. Santa Rita, Rita,
lo que se da no se quita,

---

186 Torner: 202.

y, si no, al infierno va.

(Orallo)

1638. Santa Rita, Rita,
lo que se da no se quita.
Santa Isabel, Isabel,
lo que se da no se vuelve a ver.

(Carbajal de Rueda)

1639. Santa Rita, Rita,
lo que se da no se quita;
Santa Isabel,
lo que se da no se vuelve a devolver.

(Villafalé)

1640. Santa Rita, Rita, Rita,
lo que se da no se quita.

(Alija del Infantado. Cerezales del Condado. Morgovejo. Santa María del Condado)

1641. Santa Rita, Rita, Rita,
lo que se da no se quita
y, si lo vuelve a quitar,
al infierno irá.

(Villamayor del Condado)

1642. Santa Rita, Rita, Rita,
lo que se da no se quita.
Santa Roma, Roma, Roma,
lo que se da no se toma.

(Riaño)

1643. Santa Rita, Rita, Rita,
lo que se da ya no se quita.
Santa Isabel,
lo que se da no se vuelve a ver.

(Villacidayo)

1644. Santa Rita, Rita, Rita,
lo que se da ya no se quita.
Santa Isabel,
lo que se da ya no se vuelve a ver.

(Villacidayo)

1645. Santa Rita, Rita,
lo que se da no se quita.
Santo Tomás,
lo que se da no lo ves más.
Santa Isabel, bel, bel,
lo que se da no se vuelve a ver.

(Valle de Mansilla)

1646. Santa Rita, Santa Rita,
lo que se da no se quita.

(Pinilla de la Valdería. Pobladura de Pelayo García)

1647. Santa Rita, Santa Rita,
o que se da nunca se quita.

(Valtuille de Arriba)

1648. Santa Rita, Santa Rita,
lo que se da nunca se quita;
que, cuando pases por la iglesia,
te cortarán la cabeza.

(Tabuyo del Monte)

AL LEVANTARSE DE UN ASIENTO:

1649. El que fue a Castilla - perdió la silla;
el que fue a León - perdió el sillón;
y el que fue y volvió - no lo perdió.

(Pereda de Ancares)

1650. El que fue a León - perdió el sentón;
y el que fue y volvió - por las orejas lo sacó.

(Valdehuesa)

1651. El que fue a León perdió el sentón
y el que fue a Mansilla encontró la silla.

(Villafruela del Condado)

1652. El que fue a León perdió el sentón
y el que fue a Mansilla perdió la silla.

(San Vicente del Condado. Santa Colomba de Curueño)

1653. El que fue a León - perdió el sillón
y el que fue a Mansilla - perdió la silla.

(Mansilla del Páramo)

1654. El que fue a León - perdió el sillón
y el que fue a la villa - perdió la silla.

(San Martín de Torres)

1655. El que fue a León - perdió el sillón
y el que fue y volvió - no lo perdió.

(Mansilla del Páramo)

1656. El que fue a León - perdió el sillón
y el que fue y volvió - no le perdió.
El que fue a Mansilla - perdió la silla.

(Cerezales del Condado)

1657. El que fue a Mansilla - perdió la silla,
el que fue a León - perdió el sentón.

(Villafruela del Condado. Villamayor del Condado)

1658. El que fue a Mansilla - perdió la silla
y el que fue a León - perdió el sentón.

(Carbajal de Rueda. Garrafe de Torío)

1659. El que fue a Mansilla - perdió la silla
y el que fue a León - perdió el sillón.[187]

(Huerga de Frailes. Santibáñez del Bernesga. Villafalé. Villarmún)

1660. El que fue a Mansilla - perdió su silla
y el que fue a León - perdió su sillón.

(Pobladura de Pelayo García)

1661. El que fue a Melilla - perdió la silla
y el que fue a León - perdió el sillón.

(Castrillo de los Polvazares)

1662. El que fue a Sevilla - perdió la silla;
el que fue a Aragón - perdió el sillón.[188]

(Castrillo de la Ribera)

1663. El que fue a Sevilla - perdió la silla.

(Pobladura de Yuso)

1664. El que fue a Sevilla - perdió la silla;
el que fue y volvió - no la perdió.

(Cerezales del Condado. Quintanilla de Losada)

1665. El que fue a Sevilla - perdió la silla
y el que fue a León - perdió el sentón.

(Ruiforco de Torío. Valderilla de Torío)

1666. El que fue a Sevilla - perdió la silla
y el que fue a León - perdió el sillón.[189]

(Alija del Infantado. Riaño. Tabuyo del Monte. Villacidayo)

---

187 Rodríguez Marín I: n° 158, 87.

188 J. Díaz: 28.

189 J. Díaz: 28.

1667. El que fue a Sevilla - perdió su silla,
el que fue a Gijón - perdió el sillón.

(Puente Castro)

1668. El que fue a Sevilla - perdió la silla;
el que fue a León - perdió el sillón
y el que fue y volvió - no lo perdió.

(Pinilla de la Valdería)

1669. El que fue a Sevilla - perdió su silla
y el que vino la encontró.

(Corporales)

1670. El que fue a villa - perdió la silla,
el que fue y volvió - no la perdió.[190]

(Quintana del Castillo)

1671. El que va a Sevilla - perdió la silla;
y el que va a León - perdió el sillón.

(Pobladura de Somoza)

1672. Fuiste a Mansilla, - perdiste la silla;
fuiste a León, - perdiste el sillón.

(Gradefes)

1673. El que fue a Mansilla - perdió la silla
y el que fue a Antoñanes - perdió los telares.

(Huerga de Frailes)

PARA DAR ENVIDIA:

1674. Chincha, rabincha, - que tengo una piña
con muchos piñones - y tú no los comes.[191]

(Almanza. Villacidayo)

190 Rodríguez Marín I: nº 159, 87.

191 Hernández de Soto: nº 11, 62.

JUEGO CON LOS DEDOS DE LA MANO:

1675. Cin, cin, - maragatín,
cortaremos - un dedín
con aquel - machadín.
Tú que vas y vienes, - tráeme los manteles
de oro y plata - que cagó la gata.
Zapiquí, zapiquí, - marcha allí.

(Corporales)

1676. De cotín, de cotón, - de la mano el calderón.
–¿Qué dijo la caldera? - –Que pusieras buena cena,
con carne y tocino - y buena sazón.
¿Cuántos dedos tienes - encima de tu corazón?[192]

(Villamayor del Condado)

1677. ["Solo decíamos:"]
–Codín, - codón
de la mano - de Borbón,
del palacio - a la cocina,
¿cuántos dedos - hay encima?
[Decías:]
–Cuatro.
["Y, a lo mejor, había cinco, y decía:"]
–Si hubieras - dicho cinco,
ni ganabas - ni perdías
ni llevabas - puñaladas.
De codín - de codón
de la mano - de Borbón,
del palacio - a la cocina,
¿cuántos dedos - hay encima?
["Y, si acertaba, se ponía el neno así, metía la cabeza aquí y en la espalda
se le hacía eso: «–Codín, - codón...», en la espalda al crío. Y, si acertaba,
pues se levantaba el castigo. Y entraba otro, el que no acertaba."]

(Genestosa)

---

192 "El juego de *De codín, de codón, ¿cuántos dedos tienes en tu corazón?*" (Ledesma: 152) Pelegrín: 09.2. Recotín,
recotán ¿cuántos dedos hay detrás?, 88-89.

1678. El mortero, la cuchara, - chaparrita, vete a echar,
que hay un mozo en tu lugar - que bebe vino y come pan,
da la vuelta a la redonda - y esta mano que se esconda.

(Juego con los dedos de la mano.)
(Almanza)

1679. Pellizquín de la cencerrina, - hizo Dios una casina.
–¿En qué lugar? - –En Portugal.
–¿En qué calleja? - –En la Moraleja.
–Salte tú - por la puerta vieja.[193]

(Juego con los dedos de la mano.)
(Almanza)

1680. Al pin, cimirillín,
la pega, la mega,
la tuturulega - por allí pasó
una rama - y nada dejó.

(Mansilla del Páramo)

1681. Pin, pin, - cera, melín,
pega la meda, - tortillera.
Tengo un buey - que sabe arar,
trinquillar,
dar la vuelta - a la redonda,
quis, quis, - conda.

(Se van escondiendo los dedos,uno a uno, a medida que les toca en suerte.)
(Castrillo de los Polvazares)

1682. Pin, pin, - cerquetín,
la mea, la pea, - la tintolea,
tiene un buey - que sabe arar y tornear,
da la vuelta - a la redonda

---

193 Rodríguez Marín I: nº 76, 70.
    "Pinto, repinto / vende las cabras…" (J. Díaz: 36)

y esta mano - que se esconda.[194]

(Fórmula recitada en el juego infantil con los puños de la mano.)
(Villanueva de Omaña)

1683. Pin, pin, - zaramatín,
rabo la cuca, - la mi meluca
por aquí pasó
to las habas - me comió,
menos una - que dejó;
el puchero, - la cuchara,
chape, gato, - a acostar.

(Pobladura de Pelayo García)

1684. Pin, pin, - zarramacatín,
la pega, la mega, - la cinturela
que tiene un buey - que no sabe arar
ni tornear,
da la vuelta - a la redonda,
ese dedo - que se esconda.[195]

(Orallo)

1685. Pin, pineja, - mano coneja;
coneja real, - pide pa la sal;
sal menuda, - pide pa la cuba;
cuba de barro, - pide pal caballo;
caballo montisco, - pide pal obispo;
obispo de Roma, - quítate esa corona;
que no te la vea - la gata rabona.

(Villamayor del Condado)

---

194 Hernández de Soto: nº 2, 69.
    P. Morán (1924): 13.
    Bravo Villasante: p. 42.
    "Pinto, pinto, / gorgorito..." (J. Díaz: 36)

195 "zarzabuca, de rabo de cuca, de cucandar, que ni sabe arar ni pan comer, vete a esconder detrás de la puerta de
    SanMiguel." (Caro II: 134)

1686. Pin, pineja, - el rabo la coneja;
sal menuda, - pide pa la cuba;
cuba de barro, - pide pal caballo;
caballo montisco, - pide pal obispo;
obispo de Roma, - guarda esa corona,
que no te la coma - la gata rabona. [que no te la vea]

(Contextualización de Villafruela del Condado: "Y guardaban un dedo. Y volvían otra vez
por los dedos otra vez: "Pin, pineja..." Así. Y seguían así guardando otro dedo, hasta que se
acababan todos los dedos.")
(Cerezales del Condado. Villafruela del Condado)

1687. Pin, pineja, - el rabo la coneja
pasó por aquí - vendiendo sal
sal menuda, - pide pa la cuba;
cuba de barro, - pide pal caballo;
caballo mordisco, - pide pal obispo;
obispo de Roma, - tapa esta corona,
que no te la vea - la gata rabona.[196]

(Palacio de Torío)

1688. Pin, pineja, - la madre la coneja
parió una sabaneja,
sabaneja real - pide pa la sal,
sal menuda - pide pa la cuba,
cuba de barro - pide pa el caballo,
caballo montisco - pide pa el obispo,
obispo de Roma - tapa la corona,
que no te la vea - la gata rabona.

(Mansilla de las Mulas)

1689. Pin, pineja, - la mano coneja;
conejito real, - pide por la sal;
sal menuda, - pide por la cuba;
cuba de barro, - pide pol caballo;
caballo mordisco, - pide pol obispo;

---

196 Hernández de Soto: n° 2, 68.
   P. Morán (1924): 14.

obispo de Roma, - guarda la corona,
que no te la lleve - la gata chupona.

(Cuadros)

1690. Pin, pineja, - la mano de la coneja
pasó por aquí - pidiendo sal,
sal menuda, - pide pa la mula,
mula de barro, - pide pal caballo,
caballo montisco, - pide pal obispo,
obispo de Roma, - tapa la corona,
que no te la vea - la gata ramona.

(Cea)

1691. Pin, pineja, - la mano la coneja
pasó por aquí - pidiendo sal,
sal menuda, - pide pa la cuba,
cuba de barro, - pide pal caballo,
caballo montisco, - pide pal obispo,
obispo de Roma, - tapa la corona,
que no te la vea - la gata rabona.
–¿Dónde están las manos? - –Me las comió el gato.
–Dile que, si voy, le mato. - –¿Dónde están las manos?
–¡Aquí!

(Villasabariego)

1692. Pin, pineja, - el rabo la coneja,
coneja real, - pide pa la sal,
sal menuda, - pide pa la cuba,
cuba de barro, - pide pal caballo,
caballo de obispo, - pide pal obispo,
obispo de Roma, - guarda esa corona,
que no te la vea - la gata rabona.

(Orallo)

1693. Pin, pineja, - rabo de coneja,
coneja real, - pide pol sal,
sal menudo, - pica el culo,
culo de Roma, - tapa la corona.

que no te la coma - la cusca rabona.[197]

(Quintana del Castillo)

1694. Pin, pineja, - rabo de coneja,
conejita real, - pide pol sal,
sal menudo, - pide pal cubo,
cubito de barro, - pide pal caballo,
caballo bonito, - pide pal obispo,
el obispo de Roma - que quite la corona
pa que no se la lleve - la gata rabona.

(Villar del Monte)

1695. Pin, pineja, - rabo de la coneja,
conejito real, - pide pa la sal,
sal menuda, - pide pa la cuba,
cuba de barro, - pide pa el caballo,
caballo montisco, - pide pa el obispo,
obispo de Roma, - tapa la corona,
que no te la coma - la gata rabona.

(Villafalé)

1696. Pin, pineja, - rabo la coneja;
coneja real, - pide pa la sal;
sal menuda, - pide pa la cuba;
cuba de barro, - pide pal caballo;
caballo montisco, - pide pal obispo;
obispo de Roma, - tapa esa corona,
que no te la vea - la gata rabona.

(Almanza)

1697. Pin, pineja, - rabo la coneja;
conejita real, - pide pa la sal;
sal menuda, - pide pa la cuba;
cuba de barro, - pide pal caballo;
caballo montisco, - pide pal obispo;
obispo de Roma, - tapa la corona,

---

197 J. Díaz: 34. Pelegrín: 46.2. Pipirigaña, 184-186.

que no te la vea - la gata rabor_a.[198]

(Palanquinos. Villacidayo)

1698. Pin, pineja, - rabo la coneja,
conejito real, - pide pa la sal,
sal menuda, - pide pa la cuba,
cuba de barro, - pide pa el caballo,
caballo montisco, - pide pa el obispo,
obispo de Roma, - cuida la corona,
que no te la coma - la gata rabona.

(Mansilla de las Mulas)

1699. Pin, pirineja, - el rabo la coneja,
coneja real, - pide por la sal,
sal menuda, - pide por la cuba.
cuba de barro, - pide por el caballo,
caballo montisco, - pide por el obispo,
obispo de Roma, - tapa la corona,
que no te la vea - la gata Ramona.

(Sabero)

1700. Pin, pineja, - rabo la coneja,
sal menuda, - pide pa la cuba,
la cuba de barro, - pide pal caballo,
caballo montisco, - pide pal obispo,
obispo de Roma, - tapa la corona,
que no te la vea - la gata rabona.

(Villanueva del Condado)

1701. Pin, pirineja, - el rabo la coneja,
conejito real, - pide pa la sal,
sal menuda, - pide pa la cuba,
cuba de gallo, - pide pal caballo,
caballo majito, - pide pal obispo,
obispo de Roma, - guarda la corona,

---

198 Mª Campos: 207.

que no te la lleve - la gata rabona.

(Riaño)

1702. Pin, pineja, - rabo la coneja,
coneja rabona, - tira de la corona,
que no te la coma - la gata rabona.

(Pobladura de Pelayo García)

1703. Pin, pirivaya, - arriba vaya.
–¿Qué hay aquí? - –Un arca.
–¿Qué tiene? - –Oro y plata.
–¿Dónde están los palomines? - –Debajo los caminines.
–¿Qué fueron a buscar? - –Leche que colar.
–¿Con qué la colaron? - –Con un coladero.
–¿Con qué la hirvieron? - –Con un caldero.
–¿Con qué la comieron? - –Con un cuchar.
A devanar, a devanar,
el primero que se ría - la ha de pagar.

(Mansilla de las Mulas)

1704. –Pipiripí,
¿qué hay aquí? - –Granos de oro.
–¿Quién los trajo? - –Milar y cardar.
El que enseñe los dientes - las pagará.

(Villamayor del Condado)

PARA NO PISAR RAYA:

1705. El que pisa raya - pierde medalla.

(Santa María del Condado)

1706. El que pisa raya - pisa medalla.

(Huergas de Gordón. Riaño)

1707. El que pisa raya - pisa medalla,
el que pisa cruz - pisa a Jesús.

(León)

PARA SALTAR UN MURO O DESNIVEL:

1708. [Al dar el salto:]
San José,
si me mato no lo sé.[199]

(Riaño)

FÓRMULAS RIMADAS QUE APARECEN EN DETERMINADOS JUEGOS:

1709. A cunculumbada, - a cunculumbemos,
lindo juego tenemos, - si sabemos jugar.
A magar, a magar y no dar,
dadle sin duelo, - que se ha muerto mi abuelo,
dadle sin reír, - dadle sin hablar,
un pellizquito en el culo - y a volar, a volar, a volar.

(Grajal de Campos)

1710. A las ollas del tío churimbel, - que van cargaditas de miel;[200]
jerulo, jerulo, - que se caiga de culo.

(Villamondrín de Rueda)

1711. A tapar la calle, - que no pase nadie,
que pasen mis abuelos - comiendo ciruelos,
tortillas amarillas, - nos ponemos de rodillas,
tortillas de papel, - nos volvemos a poner.[201]

(Varios niños, de la mano, avanzan calle adelante, realizando lo que la fórmula rimada indica.)
(Villacidayo)

---

199 Irigoyen: 57.
  "Salto, salto / de un pajar; / si me rompo la cabeza, / Dios me la curará." (López de Guereñu: 143)

200 Pelegrín: 05.2. Ollas de San Miguel: 75-76.

201 Rodríguez Marín I: núms. 93 y 94, 73.
  Bravo Villasante: 60.

1712. Al arranca la yerba,
el que la tenga que la duerma.[202]

(Los niños que participan en el juego arrancan hierba dentro del espacio acotado. Y, al que se le queda alguna brizna entre los dedos, ha de quedarse y, vendados los ojos, tiene que bucar el palo que se ha clavado en el suelo, que apenas despega de él, hasta encontrarlo.)
(Corporales)

1713. –¿En qué estás? - –En tableta.
–¿Qué comiste? - –Manzaneta.
–¿Qué bebiste? - –Aguamayo.
–Ten por mí - que yo me caigo.[203]

(Dos niñas se dan la espalda y se entrelazan con los brazos, balanceándose y quedando una encima de otra alternativamente a medida que se desarrolla el diálogo.)
(Villacidayo)

1714. La buena ventura, - que Dios te la da;
si te pica una mosca, - ráscatela.

(Castrillo de los Polvazares)

1715. [Juego del milano:]
Milano, tieso, catatieso, - mariquita, pan y queso,
toro, torojil, - cuatrocientos, mil.[204]

(Villacidayo)

1716. Picalbo en tierra,
picalberos a la mierda.

(Juego. *Picalbo*: «Palo con tres patas».)
(Riaño)

1717. [Juego de puñe, puñete, en el que los niños que participan van formando

---

202 "Paci, paciyerba, / que canta la culebra; / paci, paciyerbón, / que canta el culebrón." (López de Guereñu: 173)

203 "El juego de *–¿En qué estás, compañero? / –En penas. / –Pues sácote dellas.*" (Ledesma: 175-176). Rodríguez Marín I: nº 54, 65.
Pelegrín: 27.2. Campana, 137.
Mª Campos: 206.

204 Rodríguez Marín I: nº 237, 120.

una torre de puños...:]
–¿Qué hay aquí?
–Un palomar.
–¿Qué hay dentro?
–Tres palomitas blancas.
–¿Con qué se matan?
–Con escopeta de plata.
–¿Con qué se fríen?
–Con aceite y vinagre.
–El que lo ría que lo pague.[205]

(Villacidayo)

1718. Tan, tan.
Aquí viene un sacristán,
para que le den bien de cenar,
pan y vino, vino y pan,
un plato de flojos flitis
y un plato de flijis flijones.

(Villaturiel)

1719. Teresa la marquesa, - chiribí, chiribesa,
tenía una corona, - chiribí, chiribona,
con cuatro monaguillos, - chiribí, chiribillos,
y el cura, sacristán, - chiribí, chiribí, chiribá.[206]

(Entre dos filas de niñas, una frente a otra, dos de ellas se pasean por el medio, agarradas con ambas manos...)
(Villacidayo)

(Nota final: Se advertirán los rasgos dialectales, cuando aparecen. Respecto a los vulgarismos, que se hallan en determinados etno-textos, no nos ha parecido conveniente ponerlos en cursiva.)

---

205 Hernández de Soto: nº 9, 79.
   Pelegrín: 90.2. Puño puñete: 291-294.
   Mª Campos: 206.

206 Mª Campos: 206.

5.

APÉNDICES

1
SERIES DE FÓRMULAS RIMADAS QUE FORMAN GRUPO, CON VARIANTES

Damos noticia en este apéndice de fórmulas rimadas de las que editamos un considerable número de variantes –mayor, en unos casos; menor, en otros–, de cada uno de los cuatro grandes campos en que hemos estructurado nuestro corpus. Sobre la mayor parte de ellas, damos alguna explicación en la introducción inicial, así como referencias en las notas a pie de página, pues contamos –y es la función que quieren cumplir tales notas– con una doble documentación sobre ellas (no en todos los casos): por una parte, de tipo clásico, con fuentes procedentes de nuestros llamados siglos de oro; y, por otra, de fuentes de folcloristas de los siglos XIX y XX.

Esta es la relación de tales fórmulas rimadas que constituyen series o grupos:

2.
RELACIÓN DE LOCALIDADES CON ETNO-TEXTOS RECOGIDOS Y EDITADOS

1. Ábano
2. Acisa de las Arrimadas
3. Alija del Infantado
4. Alija de la Ribera
5. Almanza
6. Ambasaguas de Curueño
7. Andiñuela
8. Aralla
9. Astorga
10. La Bañeza
11. Barrientos de la Vega
12. Barrillos de Curueño
13. Barrio de la Puente
14. Barrio de Nuestra Señora
15. Barrios de Gordón
16. Barrios de Luna
17. Beberino
18. Benameriel
19. Benazolve
20. Bercianos del Páramo
21. Bercianos del Real Camino
22. Boisán
23. Boñar
24. Burgo Ranero
25. Cabornera
26. Calamocos
27. Calzada de la Valdería
28. Camplongo
29. Campo de Villavidel
30. Camponaraya
31. Canales
32. Candín
33. Canaleja de Torío
34. Carbajal de Rueda
35. Cármenes
36. Castrillo de los Polvazares
37. Castrillo de Porma
38. Castrillo de la Ribera
39. Castro del Condado
40. Castrocalbón
41. Castrocontrigo
42. Castrovega de Valmadrigal
43. Cea
44. Cembranos
45. Cerezales del Condado
46. La Chana
47. Chana de Somoza
48. Chozas de Arriba
49. Cistierna
50. Corporales
51. El Corral de las Arrimadas
52. Correcillas

53. Cospedal
54. Cuadros
55. Cubillas de Arbas
56. Cubillas de Rueda
57. Cuevas del Sil
58. La Cueta
59. Devesa de Curueño
60. Espinareda de Ancares
61. Fabero
62. Felechares de la Valdería
63. Felechas
64. Felmín
65. Ferreras
66. Fontecha del Páramo
67. Fontoria
68. Fontún
69. Fresnedo de Valdellorma
70. Fresno de la Vega
71. Fuentes de Peñacorada
72. Gallegos de Curueño
73. El Ganso
74. La Garandilla
75. Garfín
76. Garrafe de Torío
77. Genestosa
78. Geras
79. Getino
80. Gradefes
81. Grajal de Campos
82. Granja de San Vicente
83. Las Grañeras
84. Guisatecha
85. Herreros de Jamuz
86. Herreros de Rueda
87. Huerga de Frailes
88. Huergas de Gordón
89. Igüeña
90. Jiménez de Jamuz
91. Lago de Omaña
92. Laguna Dalga
93. Lagunas de Somoza
94. Laiz de las Arrimadas
95. León
96. Llombera
97. Lorenzana
98. Losadilla
99. Lucillo
100. Lugán
101. Magaz de Cepeda
102. La Majúa
103. Mansilla de las Mulas
104. Mansilla del Páramo
105. La Mata de Curueño
106. Matadeón de los Oteros
107. Matallana de Valmadrigal
108. Mayo de Luna
109. Mellanzos
110. Millaró
111. Modino
112. Montrondo
113. Mora de Luna
114. Morgovejo
115. Moscas del Páramo
116. Murias de Paredes
117. Murias de Rechivaldo
118. Nava de los Caballeros

119. Olleros de Alba
120. Omañón
121. Orallo
122. Otero de Curueño
123. Otero de las Dueñas
124. Oville
125. Pajares de los Oteros
126. Palacio de Torío
127. Palacios de Jamuz
128. Palacios de la Valduerna
129. Palanquinos
130. Palazuelo de Boñar
131. Palazuelo de Torío
132. Pallide
133. Paradaseca
134. Paradilla de la Sobarriba
135. Paradiña
136. Pardesevil
137. Pedredo
138. Peñalba de Santiago
139. Pereda de Ancares
140. Piedrafita la Mediana
141. Pinilla de la Valdería
142. Pío de Sajambre
143. Pobladura de Pelayo García
144. Pobladura de Somoza
145. Pobladura de Yuso
146. Ponferrada
147. Portilla de Luna
148. Posada de Valdeón
149. Prada de la Sierra
150. Prada de Valdeón
151. Priaranza de la Valduerna
152. Prioro
153. Puente Almuey
154. Puente Castro
155. Puente Villarente
156. Quintana del Castillo
157. Quintana del Monte
158. Quintanilla de Losada
159. Quintanilla del Monte
160. Quintanilla de Rueda
161. Quintanilla de Losada
162. Rabanal de Fenar
163. Renedo de Curueño
164. Reyero
165. Riaño
166. Riello
167. Riofrío
168. Rioseco de Tapia
169. La Robla
170. Robledo de Babia
171. Robles de la Valcueva
172. Rodillazo
173. Ruiforco de Torío
174. Sabero
175. Sabugo
176. Saelices del Payuelo
177. Sagüera de Luna
178. Sahagún
179. Sahechores
180. San Bartolomé de Rueda
181. San Félix de la Valdería
182. San Justo de la Vega
183. San Martín de Torres
184. San Miguel de Escalada

185. San Pedro de Luna
186. San Román de Bembibre
187. San Vicente del Condado
188. Santa Colomba de las Arrimadas
189. Santa Colomba de Curueño
190. Santa Colomba de Somoza
191. Santa Colomba de la Vega
192. Santa Lucía
193. Santa María del Condado
194. Santa Marina de Somoza
195. Santa Olaja de Eslonza
196. Santa Olaja de la Varga
197. Santiago Millas
198. Santibáñez de Bernesga
199. Santibáñez de la Isla
200. Santibáñez de Porma
201. Santibáñez de Rueda
202. Senra
203. La Serna
204. Sésamo
205. Sosas de Babia
206. Sosas de Laciana
207. Soto de Valdeón
208. Tabanedo
209. Tabladillo
210. Tabuyo del Monte
211. Tabuyuelo
212. Tendal
213. Toral de Merayo
214. Torneros de Bernesga
215. Torneros de la Valdería
216. Trobajo del Camino
217. Truébano de Babia
218. Turcia
219. Urdiales del Páramo
220. Val de San Lorenzo
221. Valdealcón
222. Valdaliso
223. Valdecastillo
224. Valdefuentes del Páramo
225. Valdehuesa
226. Valdelugueros
227. Valdepolo
228. Valderilla de Torío
229. Valdesandinas
230. Valdespino de Somoza
231. Valdevimbre
232. Valduvieco
233. Valle de Mansilla
234. Valle de Vegacervera
235. Valporquero de Rueda
236. Valsemana
237. Valtuille de Arriba
238. Vega de Caballeros
239. Vega de Espinareda
240. Vegas del Condado
241. Vegacervera
242. Vegaquemada
243. Verdiago
244. Villa de Soto
245. Villacidayo
246. Villafalé
247. Villafañe
248. Villafeliz de Babia
249. Villafruela del Condado
250. Villahibiera

251. Villalfeide
252. Villalibre de Somoza
253. Villalís de la Valduerna
254. Villamayor del Condado
255. Villamejil
256. Villamondrín
257. Villamor de Órbigo
258. Villamoros de las Regueras
259. Villanófar
260. Villanueva del Árbol
261. Villanueva de Carrizo
262. Villanueva del Condado
263. Villanueva de Jamuz
264. Villanueva de Omaña

265. Villaobispo de Otero
266. Villaobispo de las Regueras
267. Villaquilambre
268. Villar del Monte
269. Villares de Órbigo
270. Villarmeriel
271. Villarmún
272. Villasabariego
273. Villaseca de Laciana
274. Villasecino
275. Villaturiel
276. Villaverde de Abajo
277. Villaverde de Arriba

BIBLIOGRAFÍA

BIBLIOGRAFÍA UTILIZADA

Aarne-Thompson: Antti Aarne y Stith Thompson, *Los tipos del cuento folklórico. Una clasificación*, Traducción de Fernando Peñalosa, Helsinki, A.S.F., FF Communications, 258, 1995.

Alín: José María Alín (1968), *El cancionero español de tipo tradicional*, Madrid: Taurus, Col. Sillar. Estudios Literarios, 4, 1968.

El Bierzo 1984: José Luis Alonso Ponga y Amador Diéguez Ayerbe, *Etnografía y folklore de las comarcar leonesas. El Bierzo*, León, Ediciones Leonesas, Santiago García, Editor, 1984.

Bartolomé Pérez: Nicolás Bartolomé Pérez, *El imaginario tradicional leonés. Mitología, brujería y zoología fantástica en un reino milenario*, León, Editorial Cultural Norte, 2021.

Bravo Villasante: Carmen Bravo Villasante, *Una, dola, tela, catola. El Libro Del Folklore Infantil*, Valladolid, Miñón, 1976.

Mª Campos: María Campos, «Cuando los niños juegan. Repertorio infantil de Villacidayo», *Revista de Folklore*. 108,, Valladolid, 1989, pp. 200-207.

Campos y Puerto: María Campos y José Luis Puerto, "Ramillete de fórmulas rimadas infantiles", RF, 132, Valladolid, 1991, pp. 201-211.

Caro I, II: Rodrigo Caro, *Días geniales o lúdicros*, 2 vols., Edición, estudio preliminar y notas de Jean-Pierre Etienvre, Madrid, Espasa-Calpe, Clásicos Castellanos, 212 y 213, 1978.

Correas: Gonzalo Correas, *Vocabulario de refranes y frases proverbiales...*, Madrid, Visor Libros, Biblioteca Filológica Hispana, 8, 1992.

Covarrubias: Sebastián de Covarrubias, *Tesoro de la Lengua Castellana o Española* (1611), Edición de Martín de Riquer, Barcelona, Alta Fulla, Biblioteca, Serie "Lengua y Literatura", 3, 1987.

J. Díaz: Joaquín Díaz, *100 temas infantiles*, Valladolid, Centro Castellano de Estudios Folklóricos, 1981.

Berrueta: Mariano D. Berrueta, *Del Cancionero Leonés*, León, Proa. Diario, 1941.

Fonteboa: Alicia Fonteboa, *Literatura de tradición oral en El Bierzo*, León, Diputación de León, 1992.

Frenk: Margit Frenk, *Corpus de la antigua lírica popular hispánica (siglos XV a XVII)*, Madrid, Castalia, Nueva Biblioteca de Erudición y Crítica, 1, 1987.

Hernández de Soto: Sergio Hernández de Soto, *Juegos infantiles de Extremadura*, Intr. y ed. de Salvador Rodríguez Becerra y Javier Marcos Arévalo, Cádiz, Editora Regional de Extremadura, Serie Rescate, 3, 1988.

Irigoyen: José Íñigo Irigoyen, Pbro., *Folklore Alavés*, Vitoria, Consejo de Cultura de la Excma. Diputación Foral de Álava, 1949.

Ledesma: Alonso de Ledesma, *Juegos de noches buenas a lo divino*, en: Justo de Sancha (Ed.), *Romancero y cancionero sagrados. Colección de poesías cristianas, morales y divinas*, Madrid, Librería y Casa Editorial Hernando, B.A.E., XXXV, 1925, pp. 150-181.

López de Guereñu: Gerardo López de Guereñu, «La vida infantil en la Montaña alavesa», en RDTP, XVI, Madrid, 1960, pp. 139-179.

Torner: Eduardo M. Torner, *Lírica hispánica. Relaciones entre lo popular y lo culto*, Madrid, Castalia, La lupa y el escalpelo, 5, 1966.

P. Morán (1924): P. César Morán Bardón, O.S.A., *Poesía popular salmantina (Folklore)*, Salamanca, Establecimiento Tipográfico de Calatrava, 1924.

Hernán Núñez: Hernán Núñez, *Refranes, o proverbios en romance, que nuevamente colligió y glossó el Comendador Hernan Nuñez, Professor eminentissimo de Rhetorica, y Griego, en Salamanca. Van puestos por la orden del A b c*, Salamanca, En casa de Iuan Canoua, 1555.

Pelegrín: Ana Pelegrín, *Repertorio de antiguos juegos infantiles*, Madrid: C.S.I.C., Biblioteca de Dialectología y Tradiciones Populares, XXX, 1998.

Luna: Mª del Carmen Pérez Gago, *Folclore de Luna*, León, Universidad de León, Secretariado de Publicaciones, Conocer León, 21, 2001.

Pérez Vidal: José Pérez Vidal, «Fenómenos de analogía en los portuguesismos de Canarias», RDTP, XXIII, Madrid, 1967, pp. 55-82.

Puerto (1995): José Luis Puerto, "El pan. Oraciones al meterlo en el horno", RF, 172, Valladolid, 1995, pp. 121-126.

Puerto (1999): José Luis Puerto, "Materiales para un foklore sobre los pájaros: I. Anidar, engendrar, criar (fórmulas rimadas)", RF, 224, Valladolid, 1999, pp. 39-44.

Puerto (2013): José Luis Puerto, *Rumor de la palabra. Tradiciones orales en la comarca leonesa de Rueda*, León, Universidad de León, Área de Publicaciones, Ayuntamiento de Gradefes, 2013.

Puerto (2016): José Luis Puerto, *La palabra heredada. Tradiciones orales en las Tierras de La Bañeza (1)*, La Bañeza (León), Fundación Conrado Blanco, 2016.

Puerto (2017): José Luis Puerto, *La palabra heredada. Tradiciones orales en las Tierras de La Bañeza (2)*, La Bañeza (León), Fundación Conrado Blanco, 2017.

Puerto (2022a): José Luis Puerto, "La elaboración primaveral de gaitas, chiflos o silbas en la provincia de León (fórmulas rimadas)", RF, 485, Valladolid, julio 2022, pp. 39-44.

Puerto (2022b): José Luis Puerto, "Letanías y procesiones primaverales en la provincia de León (fórmulas rimadas y refranes)", RF, 487, Valladolid, septiembre 2022, pp. 95-102.

Puerto (2023): José Luis Puerto, "El cuco como oráculo en la provincia de León (fórmulas rimadas y refranes)", RF, 492, Valladolid, febrero 2023, pp. 142-147.

Alfonso Reyes: Alfonso Reyes, «Las Jitanjáforas», en *La Experiencia Literaria*, México, D.F., Fondo de Cultura Económica, 1983, pp. 178-221.

Riera: A. Riera, "Nombres de la mariquita", RDTP, VI, Cuaderno 4º, Madrid, 1950, pp. 621-639.

Rodríguez Marín I: Francisco Rodríguez Marín, *Cantos Populares Españoles*, 5 vols., Madrid, Atlas, 1981. (1ª ed.: 1882-1883).

Rúa Aller: F. Javier Rúa Aller, *Refranes del tiempo en León*, León, Eolas ediciones, 2014.

Sebillot: Pablo Sebillot, *El paganismo contemporáneo en los puebls celto-latinos*, Trad. de J. Peyró Carrió, Madrid, Daniel Jorro, Editor, 1914.

Concha Espina: VV.AA., *Cuentistas españoles del siglo XX*, Madrid, M. Aguilar, Editor, Colección Crisol, 126, 1945, pp. 208-209.

NC-T-20